MAR DE BUNDAS

POESIAS SOCIAIS, IRONIAS E ALGO MAIS

Edição do Autor

Copyright © Edmilson Prata da Silva – 2019

Rio de Janeiro – Brasil

ISBN: 9781704798721

Site: www.edmilsonprata.com.br

E-mail: contato@edmilsonprata.com.br

Dedicatória

Dedicado aos amigos que me
incentivaram à poesia, coisa que
nunca me imaginei fazendo. :-)

Dedico a todos que, de uma forma
ou de outra, estão nadando nesse
mar. ;-)

E dedico, sempre, à memória do
meu avô e a presença da minha
mãe, minhas inspirações para a
vida. \o/

Agradecimento

Agradeço àquele que é eterno, criador de tudo o
que há, que sempre existiu e sempre existirá.
Àquele que inspira e dá vida. Àquele que nenhum
homem pode definir ou compreender, mas que
compreende a todos. Aquele a quem não vemos,
senão por espelhos e enigmas. Aquele em quem
creio. Aquele que é.

(Tetragrama usado pelos hebreus há milhares de anos)

Prefácio

Desde a década de 80, senão bem antes, nosso adorado país vem sofrendo uma linda, formosa e vultuosa transformação. Uma transformação sarada e bem torneada, uma transformação gostosa pra ninguém botar defeito!

Décadas atrás, em pleno do domingo em família, logo após o almoço, já apreciávamos banheiras do Gugu e concursos para nova loira/morena do então famoso grupo de pagode "É o Tcham". Nos lembramos saudosos daqueles bons tempos onde torcíamos juntos, com muita animação, pela melhor dançarina! Aquela com mais... com mais talento!

E esse processo foi nos invadindo por dentro, nos deixando mais afoitos e dedicados ao culto daquela maravilha brasileira, ou seja, aquele belíssimo patrimônio cultural que em nós abunda! Novos movimentos explorando e enaltecendo o melhor de nossa cultura logo surgiram e dominaram a cena. E não deixaram por menos!

É aí que me lembro do funk! Sim, aquele ritmo que não deixa ninguém parado ao som do *tamborzão* – ele também foi mais uma forma de expandir nossa admiração, nossa fé e nosso culto. E sempre, até o chão, nossos queixos ficam caídos, nossas línguas frouxas e nossos lábios salivando toda vez que as vemos sentar, sentar e sentar, mas sem nunca descansar!

É um fenômeno! Exportamos nosso principal produto para o mundo todo e convidamos gente dos quatro cantos da terra para ver o que temos de melhor! Eles também adoram! Parece uma admiração crescente, dominante e irreversível – impossível de controlar!

Enquanto todos babamos perante nossa mais notória degradação cultural e social, simbolizadas nesse livro por duas bandas que se mechem freneticamente, muitos também dizem que odeiam. Alguns fazem-se de desentendidos, de indiferentes e até de santos. Mas a verdade é que a coisa faz sucesso! Uns adoram ver, outros gastam tempo e dinheiro para ter e/ou usar. Tem gente morrendo em clínicas clandestinas – e até em clínicas famosas – só para conseguir uma com o intuito de exibir também. De uma forma ou de outra, ela já invadiu e transformou a vida de todos nós – proprietários, usuários, admiradores e até invejosos.

Então porque nos limitarmos? Vamos expandir esse conceito com bastante silicone industrial para todas as áreas de nossas vidas e para todos os cantos do nosso país! Vamos levá-lo à educação, à saúde, ao transporte público, aos esportes, à política, ao comportamento no trânsito, ao trato com o nosso próximo! Vamos aplicar esse princípio transformador a todos os setores da nossa economia! Vamos nos esbaldar e beber até nos afogarmos nesse mar maravilhoso e cheio de curvas!

Você logo verá que não existe nada mais belo e admirável que esse imenso e vultuoso mar – perca-se nele, você não se arrependerá! E quando se der conta, ela será tudo o que você tem. Mas... tenha cuidado! Dizem que apesar de bela tudo o que sai dela é mal cheiroso, cremoso e nojento. Aprecie com moderação. Ou perca-se nesse mar de bundas!

Sumário

Introdução

Mas afinal – você pode estar se perguntando – sobre o que é esse livro? Bem, vou tentar responder a essa pergunta justamente aqui na introdução do livro, ok?

O livro é um antologia, ou seja, uma coletânea de textos do meu blog, que você pode visitar em <u>www.edmilsonprata.com.br/blog-textos-do-dia-a-dia</u>. O critério para a composição dessa coletânea foi juntar os textos que considerei ter relação com o conceito que chamo de **"mar de bundas"**. Ou seja, uma série de valores que, segundo acredito, nos remete a uma **vida social menos saudável e produtiva para a coletividade**. Falo tanto de valores evidentes no nome dado a esse conceito – como o culto ao corpo, por exemplo –, como também outros menos explícitos – dos quais poderia citar a tendência à fuga de relacionamentos duradouros e de compromissos de qualquer tipo, não só afetivos, como a colocação pode sugerir em primeira análise.

O "mar de bundas" é feito de tudo aquilo que nos leva a supervalorizar as futilidades da vida em detrimento das coisas mais importantes para o ser – as quais considero o respeito, as relações com profundidade, a felicidade e o amor, dentre outras. É um livro filosófico, mas contextualizado em questões sociais e temas contemporâneos. Além disso, não me preocupei em abordar um só assunto ao longo de cada capítulo, como faria num livro, digamos, mais estruturado. Aqui, como trata-se de uma coletânea, os textos são independentes e podem ou não manter entre si uma sequencia temática.

Resumindo, "Mar de Bundas" é um livro livre, no qual me permiti improvisar bastante e jogar os conceitos no ar, para sua reflexão. Não quero que você necessariamente concorde comigo, como de costume nos meus trabalhos. Mas que pense sobre o que é colocado e faça seu próprio juízo de valor.

A inspiração para o nome do livro se baseou em um poema de mesmo nome e que está no primeiro capítulo. O poema faz alusão a um navegante do "mar de bundas" que, entediado com a frieza delas, busca algo mais para aquecer seu coração. A ideia me pareceu representar muito bem uma série de circunstâncias de nossa vida social moderna e inspirou outros temas que trazem o conceito, mas não falam mais sobre bundas. Bunda não é um tema recorrente no livro, mas um símbolo, um conceito, um ícone.

Tentei organizar o livro de acordo com o tipo de texto ou a abordagem dada a eles. O primeiro capítulo é formado por poesias que tratam temas sociais diversos. Já o segundo é bastante filosófico e faz reflexões sobre conceitos e valores. E no terceiro coloquei textos um pouco mais desconexos entre si, como contos, histórias e poemas, mas que abordam o conceito geral – é o "algo mais" do subtítulo. ;-)

Espero que você compreenda o que tentei ilustrar nesse trabalho e que saboreie as metáforas com pitadas de sarcasmo – as quais me são peculiares, embora tenha me esforçado para dosar adequadamente, mas sem saber se consegui… boa leitura!

Capítulo 1 – Poesias Sociais

Para começar o livro de forma descontraída, vamos poetizar sobre casos, fatos e valores do mar de bundas. Você entende ironias, certo? Aqui há muitas!

Pecados Sociais

Realidade aumentada,

Sociedade polarizada.

Contemplo à frente mil almas armadas.

Nas mãos correntes e facas amoladas.

Nasci e cresci sem saber de nada,

Mas tudo em mim era a grande piada.

Cor, classe, credo… só conversa fiada!

Minha mente, inocente, sempre ludibriada.

Aqui e ali o conceito e a palavra errada.

Para definir um ser, uma alma apavorada.

Para definir "o que", quando tudo enfim é nada!

São conceitos vis perpetuados por canalhas.

Sobre o que tens, de onde vens…

Seu parecer, seu proceder…

Julgam tua fé, como ela é,

Seu coração, sem dó nem perdão.

Se sou negro, sofro racismo.

Se estrangeiro, com xenofobismo[1].

Se cristão, nem todo mundo é irmão.

Se ateu, não tenho amor nem salvação.

Héteros sempre destilam ódio!

Homos sempre promíscuos, opróbrio![2]

Trans são aberrações, é óbvio![3]

Falácias, mentiras, preconceito: nosso ópio!

Homens unidos por honra e machismo.

Mulheres unidas por voz e feminismo.

LGBTs unidos contra preconceito e sexismo.

Todos peritos em ódio e achismo.[4]

Lutar por direitos, o lema da vez!

Nessa guerra tola transborda altivez.

Fragmentados, viramos freguês,

Da dor, da solidão e do cruel "talvez".

Talvez se juntássemos,

Talvez se suportássemos,

Talvez se tolerássemos,

Talvez se amássemos.

Em plena rede social,

Em meio a apelos por moral,

Fazemos o grande mal:

---

1   Xenofobismo é o tipo de preconceito aplicado à pessoas de origem distinta, ou seja, nascidas em outro país, estado ou região.
2   Referência ao pré-conceito e à generalização de pessoas com essa orientação sexual.
3   Referência ao pré-conceito contra os transexuais.
4   Defendo a união social e não a segregação por características de qualquer tipo.

Nosso pecado social.

Enfim, o negro, hétero, cristão,
Não é diferente do branco, homo, seu irmão.
Se buscarmos, de fato, as reais diferenças,
Veremos que em tais não há razão para ofensas.

O que há de valor na vida?
É o que transcende critérios pobres!
Essa é nossa grande lida!
Buscar por valores nobres.

Abrir a mente a paz acolhe,
E seguir em frente com o que se escolhe,
É andar, é comer do que de bom se colhe.
A vida é viver como se deve e pode.

Eu nasci branco e pobre.
Outro negro e nobre.
Não vejo em nenhum azar ou sorte.
Há para todos, enfim, um norte!

O que me fiz é o que de mim eu quis.
Creio no que quero, sigo meu destino.
Mas de cada um é o direito de ser feliz.
Crendo no que quer, seguindo seu caminho.

Minha grande e absoluta verdade,
É no fundo obra da grande maldade,
De achar que aquela fé que me invade,
Devo impor a todos com fervor e habilidade.

O caminho do homem indepede de gostos,

Não respeita conceitos, não contempla seus rostos.

Se tens tua verdade e nela há respeito e igualdade,

Então tires do peito o orgulho e a vaidade.

Cada um com seu caminho, seu valor, seu sorriso.

Cada um em seu tempo, convicção e alento.

Cada um uma opção, uma canção, um coração.

Cada um de nós, um alguém, um irmão.

Um Cabra Trabalhador

Sou um cabra que produz, verdadeiro batalhador.

Sou homem dedicado, guerreiro e trabalhador.

Levanto de madrugada, faço o café e pego a estrada.

Rumando para lida essa é minha jornada!

Se recebo mais trabalho eu não nego nem reclamo.

Diminuem meu salário e mesmo assim pego no trampo.

A cada dia na estrada vou pensando e ainda canto.

Sou guerreiro do trabalho, não choro, não tenho pranto.

Vou ficando cada dia mais perito em meu ofício.

Praticando mais e mais, minha lida é mui difícil.

O que faço nessa vida dá prazer, me realizo.

Inicio minha jornada e agradeço o santo Cristo!

Uma coisa, contudo, minha cabeça aporrinha.

Todo dia eu trabalho, pareço um galo na rinha!

Mas tem uns cabras safados tirando o leite da bezerrinha,

Que cuido com tanto trato, pois é minha tesourinha.

Tem cabra levando os ovos até das minhas galinhas.
Tem outros metendo a mão na botija da minha farinha.
E os que chegam pra colher até minhas abobrinhas.
Pior são os que comem, inclusive, as andorinhas!

Eu trabalho e eles chegam pra comer o que plantei.
Eu que ralo e lá vem eles pra mexer no que criei.
Sacrifico e essa gente mete a mão no que matei.
Me dedico pra essa corja se fartar onde empenhei!

Noutros tempos chamaria esses cabras de ladrão.
Pegaria minha arma e os metia no rabecão![5]
Se fosse naqueles tempos, tiravam sarro comigo não!
Porque sendo cabra macho metia neles meu facão!

Mas hoje vivo o tempo do errado que ficou certo.
Não adianta reclamar, então a nada me apego.
Tô aqui a trabalhar vendo os bandidos ali, bem perto.
Mas fico só a maquinar: ah se um dia eu lhes pego!

Se eu pego minha arma não posso me defender.
Bem capaz de eu ser o cabra que na cadeia vai sofrer!
E as pestes ficam aí, soltas a me ofender.
A me chamarem de ultrapassado, envergonhado vão me ver.

Reclamo por meus direitos, mas ninguém vê minha dor.

---

5   Não trata-se de **apologia** à violência ou à justiça com as próprias mãos, o texto
    apenas retrata/ilustra um sentimento popular bastante observado em meio aos mais
    injustiçados e aos que se sentem desamparados pela ação do estado.

Eu me olho no espelho, mas só vejo um sonhador.

Trabalho todo dia e faço com muito amor.

Mas quem goza do meu trabalho é um cabra opressor.

O nome dele é governo, odeia cabra trabalhador.

Se eu pego na enxada lá vem ele, com furor!

Eu na beira da estrada e ele rindo sem pudor.

De um cabra que trabalha só com fé no Criador.

Chora Meu Povo Nadando de Novo![6]

Nadando de novo, lá vai meu povo!

Contra a corrente, que veio na enchente.

Contra a avalanche que vem deslizante,

Contra o rejeito que vem da barragem.

Casas caindo, esgoto fluindo,

Buracos no chão... eu caí, essa não!

Despenca barraco, vizinho de barco.

Rolando no morro, lá vai meu cachorro!

O menino no poste, agarra o que pode,

Se afoga aflito, um bicho esquisito.

Um carro bem velho, feio e amarelo,

---

6   Meus sentimentos e homenagem as tantas vítimas de enchentes, inundações, deslizamentos e rompimentos de barragens como as do Morro do Bumba em 2010, várias na região serrana do RJ, barragem de Mariana em 2015, barragem de Brumadinho em 2019 e tantas outras catástrofes que citá-las todas encheria um livro inteiro. Na maioria, resultado do descaso do poder público, da corrupção e outros sintomas desse mar de bundas. E pior, na maioria dos casos, tragédias evitáveis.

Navega boiando, batendo e rolando.

O vizinho na laje, desespero já invade,
Gritando socorro, sozinho no morro.

A casa desaba com o sonho que acaba,
De ver a família enfim reunida.

O tempo de luta, de muita labuta,
Com água se escoa, seguindo a canoa.

A criança, um velho, a lembrança, um Aurélio,
A TV acabada, na lama, arrastada.

Misturam-se as cores, formas e odores,
Nem cerca, nem grama.. agora é só lama!

Fogão, geladeira, banquinho, sapateira,
Armário, chinelo, um canário magrelo…

Um gato surrado, já tonto, assustado,
Um cachorro, grunhindo, feio, perdido…

A roupa bem velha da pobre Amélia,
A louça querida da boa Margarida…

Ferramentas do João espalhadas no chão,
Bugingangas do José morador da Maré…

Tudo desloca quando a cheia toca,
Tudo acaba quando a cheia ataca.

Chove verão, vem verão, vai verão,

A história não muda, lá vem outra surra!

Descaso, abandono e corrupção,
Políticas públicas de um estado ladrão.

Chora sozinha, isolada a menina,
Lamenta a casa que some na mata.

Soluços e trancos ao ver no barranco,
A boneca querida, destruída, perdida…

Chora de dor uma mãe com pavor,
Seu filho ao regaço, um corpo nos braços.

Chora um marido, perdido, no limbo.
Procura sua amante, louco, delirante!

Chora o rio, agora poluído,
Rejeito e lama no leito e na cama.

Chora avô, Maria e Dodô;
Chora avó, Josefina e Jacó.

Chora meu povo, nadando de novo.
Chora essa gente, que corre da enchente.

Mar de Bundas

Bela bunda tu tens!
Bela, nua… a bunda é tua!
E como tal não tem ninguém!

Bela, sempre bela!
Quisera muitas ter também,
Bela bunda, como aquela!

Quisera eu seres tu o meu bem,
Ver todo dia tua bunda nua!
Acalentar-te… eu e tua bunda!

Com ela me arrebatas!
Com ela contemplo o além!
Por tua bunda gira o mundo, meu bem!

E por tua bunda, bela e nua…
Darei uns trocados,
Comprarei uns retalhos…

Lhe darei tudo!
Que não me custe tão caro…
Afinal, bunda, todo mundo tem.

Umas maiores, outras menores.
Umas firmes, outras nem tanto.
Umas alegres, outras aos prantos!

Por um pouco de tempo,
Enquanto de pé…
Tua bunda será meu culto e fé!

Por ela todo dia ansiarei!
A ela eu sempre amarei!
Enquanto desnuda, enquanto de pé...

Talvez… nem tanto amarei.
Eventualmente enfadar-me-ei…
Outra melhor, quem sabe encontrarei?

Pelos caminhos da vida a trilhar,
Bunda é coisa que não há de faltar.
Por que logo à tua iria me apegar?

Bunda aqui, bunda acolá…
Em um mar de bundas estou a navegar!
Rezo a Deus, não quero me afogar!

Bundas na TV…
Bundas na internet…
Bundas por aí pintando o sete!

Elas flutuam na minha mente,
Inundam meus pensamentos ardentes,
Doces, me causam diabetes frequentes.

Quero um remédio,
Vou me tratar!
Pois vejo bundas em todo lugar!

Antes me causavam grande admiração,
Hoje náuseas, só vejo um borrão!
De especiais à todas iguais.

Bundas nos fazem vagar…
Nada mais!
Nesse mar de bundas perdido… nunca mais!

Quero uma terra,
Desejo plantar.
Neste mar sei que vou me afogar.

Melhor em terra firme cultivar,
Algo que possa o coração esquentar.
Melhor que bunda, só pra variar.

Mas por estes mares poluídos,
Terra boa não encontro…
Somente bundas, choro meu pranto.

Bundas frias, insensíveis…
Neste mar gelado, proeminentemente visíveis…
Bundas pro alto, corações inacessíveis.

Olho ao redor…
Vejo uma bunda cada vez maior.
Distantes de tudo e o cérebro menor.

Quero conversar…
Mas bundas não falam!
Alguém para amar?! Calam…

Meu desespero no mar de bundas,
Me faz chorar, minh'alma inunda!
Quero amar, mas só há bundas!

Ah… bela bunda tens!
Mas ali vejo outra, e mais outra, meu bem!
E aqui e acolá… e para lá há também!

Bela, nua… a bunda é tua!

Mas é tua também a mão que acalenta?

É teu o coração que o meu esquenta?

Quisera eu seres tu o meu bem!

Mas com algo mais que a bunda que tens…

Talvez um coração, isso me faria bem.

E por tua conduta, nobre e generosa,

Ficaria feliz, alma vigorosa!

Amaria eternamente uma mulher poderosa!

Cantar-te-ia em verso e prosa!

Meu coração voaria em nuvens gloriosas!

Adeus mar de bundas, busca tediosa!

Desta viagem uma lição levarei,

Dela nunca, jamais esquecerei!

Em terra de bundas, um olho só não faz um rei.

Consciência de um Patriota!

Quero mudar o meu lindo País!

Mas sou dos que nada faz, só diz…

Que tudo está mal, que assim nunca quis,

E fico no chão, só como raiz.

Faço minha parte: sempre reclamo!

Luto por direitos no país que eu amo!

No boteco da esquina discuto com os manos,

O futuro do país, já entrando pelo cano.

Tenho feito o melhor, ninguém vai negar!

Quase todo dia eu tento trabalhar!

Mas minha mente desgastada precisa descansar.

Afinal é segunda, quem merece ir batalhar?!

O país tá indo mal e é culpa dos políticos!

Senadores, deputados… todos ladrões cínicos!

O povo, um fantoche, só tem falado por mímicos.

Mas eu, esclarecido, tenho alguém que sempre indico![7]

Pra tirar de uma vez meu país dessa miséria,

Converter todos vocês meu nobre coração quisera!

De todos aqui no bar sou aquele que mais pondera,

Pois pesquiso na internet, eu entendo disso a vera!

Meu candidato é sagrado, vou dizer pra vocês,

Vote nele sem cuidado, tudo certo dessa vez!

Dos outros bandidos safados proteger quero vocês,

Mas desse que hoje falo ninguém há de ser freguês!

Falo também do meu partido, que é santo e sagrado.[8]

Os outros podem roubar, mas ele não, já te falo!

O que se ouve por aí é mentira, é boato!

Tudo inveja dessa gente, eles sim roubam de fato!

Meu santo venerado me enche de benefícios,

Me assegura casa, comida e nem preciso de ofício!

Fico em casa com amigos, não é nenhum sacrifício,

---

7   Político de estimação… quem não tem atire a primeira pedra! ;-)
8   Não citei nomes, ok?

Não importa quem paga, não sendo no meu orifício…

O dia inteiro em meu lar, quisera viver assim!
A vida há de passar e não há de ser ruim!
Se alguém vai trabalhar, seja por ele e por mim,
Fico aqui sem reclamar, isso é vida, isso sim!

Depois volto pro bar, com amigos conversar.
Falar do nosso futuro, xingar e esbravejar.
Reclamar desses bandidos que estão a se aproveitar.
De um brasileiro como eu, patriota exemplar!

Politicagem

Polido, político, pífio!
Politicamente correto – amplamente popular.
Pálido comportamento, massivo, maçante.
Pávida, a massa perplexa permanece parada.

Paralisada, permite praticamente tudo.
Perspicazes, permanecem plenos pelo país.
Permutam interesses, permeiam a justiça.
Para eles, tudo. Para nós, nada!

Plenamente praticam suas patifarias.
Pobres os plebeus que deles dependem.
Pairam sobre os tais más perspectivas.
Podres aqueles que se apoderam desses.

Práticos, pensam apenas nas próprias vontades.
Partidários, defendem as próprias causas.

Persuasivos, pretendem e convencem a muitos.
Pilantras, praticam perversas maldades.

Provocam e torturam – perpetuam o caos.
Participam de atos escusos, podres.
Permanecem de pé, intocáveis!
Pretendem tornar perene a prática do mal.

Palanques cheios de opróbio,
Proclamam palavras de pura perversão.
Perneiam prevalecendo de posturas contumazes.
Pilares da plena pilantragem.

Panos quentes para justos pleitos.
Parlamentam, contudo, em prol de petições oportunistas.
Perdoam o rico, prendem o pobre.
Prevalecem contra a perfeita justiça.

Praticamente considero, perante tudo que contemplo,
Portfólio da vergonha, pontífices da patifaria,
Parlamento do medo, pórtico do inferno…
Politicagem é a personificação da pilantragem.

A Era da Ostentação

Não importa o que és, mas sim o que aparentar.
Não importa o que tens, mas sim o que ostentar.

A era das redes sociais é a era da ostentação.
Corpo, dinheiro, viagens, fama e reputação.

O que você tem para ostentar hoje?

O que você tem para postar hoje?

Hoje vivemos a síndrome do pavão,

Todos querem parecer bem maiores do que são.

Quando acreditares que não és suficiente,

Com o que pensam de ti ocupares tua mente...

Quando em busca da sonhada liberdade,

Fores escravizado por teu próprio anseio e vontade...

Quando iniciares uma viagem ao sol,

E em pleno vôo insano, colidires com o paiol...

Quando almejares a realização de algo lúdico,

Algo distante e abstrato, asqueroso e impudico...

Tudo isso em nome de uma beleza efêmera e indefinida,

Como toda beleza é... passageira e sem vida...

Então, se puderes ver a maquiagem em teu sorriso,

Saberás que em nome da aparência, de fato, estás perdido.

Sonhaste como Narciso, barganhaste como um Ciclope.

Decadência eminente para quem almeja viver da sorte.

Enquanto cego sonhas, devaneios e vaidades,

O curso do rio te leva para a grande queda da realidade.

Quanto vale teus valores frente a fama que podes ganhar?

Quanto vale teus tesouros frente aos amigos que podes comprar?

Seguiremos o curso da glória, de onde se louva a forma,
O corpo que se molda e a foto que se posta.

Palavras são sempre vazias…
Logo, mais valem as imagens, cheias de cor e alegria!

O gosto da cor e da forma são bem mais atraentes,
Bem mais saborosos que a da tola mania de usar tua mente.

Se teu tempo desperdiças com palavras e pensamentos,
Tu és entojo chato, anti-social, feio e agourento.

Vês que nessas palavras há tristeza e solidão?
Assim são as palavras, sempre cheias dessa coisa de emoção.

Não sabe viver aquele que pensa sempre e demais?
Sua vida é um eterno padecer, quem pensa nunca se compraz?

Mas então se tens na aparência tua grande satisfação,
Por que também experimentas tristeza, mágoas e solidão?

Afinal, será que os famosos não choram?
Será que por terem milhões de amigos, os populares também não
choram?

Se a vida das aparências fosse como pinta o falso retrato,
Para todos os problemas teríamos nela respostas de fato.

Mas não é assim, como nos prova a realidade.
Somos todos iguais, não importa a fé, corpo, cor, coração ou idade.

Guardemos nossos reais tesouros: amizade, amor, família e valores.
Ou cairá nosso castelo e sentiremos fortes dores.

Para te protegeres desses males que a muitos abate,
Proteja teu coração dessas tolices que o invade.

Ostentar, como muitos fazem, pode até ser bem legal.
Mas construir uma vida de verdade será bem melhor no final.

Superficial, na Moral

Balada, cachaça… a vida é uma festa!
Vou pra rua, vou curtir – o lance é distrair!
Eu não quero pensar, eu não quero compromisso,
Não gosto de trabalhar, eu odeio tudo isso!

A vida é uma só, eu não vou desperdiçar,
Não vou me ocupar com coisa chata, sem sentido,
Ler, estudar, ficar em casa, parar pra pensar…
A vida é muito curta, eu quero é badalar!

Quero praia, boate, muita festa, um iate!
Manda cerveja, tequila, vodka, adrenalina!
A noite é uma criança e eu sou a babá,
Mas não troco fraldas e só quero mamar!

Relações superficiais, valores artificiais,
Condutas bestiais e ideias banais.
Esse sou eu – e me acho demais!
To nem aí pra nada, eu quero é mais!

Quero um carro possante, turbinado, arrepiante!
Quero o bolso cheio e uma gata delirante!

No fim dessa jornada minha vida foi marcante,

E você só assistindo, mas não quero ser arrogante.

É que eu sei que sou o tal,

Curto a vida na moral,

Meu mano, não leva a mal,

Sou da galera radical!

Quando eu posto, um milhão de curtidas!

Nem Jesus teve tantos seguidores!

Sou *digital influencer*, *youtuber*, *facebooker*...

Minha brisa é boa, minha *vibe* é *good*.

Morro de pena de quem morre de inveja de mim.

Lá no fundo, todos queriam ser popular assim.

Planto a paz e a humildade pra colher no fim.

Sou amado de verdade, acredito nisso sim.

Simplesmente ELA[9]

Ela é linda e inteligente.

Ela é fogo e água, amor e paixão.

Ela é terra e mar, é céu e infinito.

Ela é fútil o bastante para postar textos bobos, mas bonitos.

Ela precisa de um psicólogo, mas não vai admitir.

Ela é tão mal resolvida que precisa falar de si na terceira pessoa.

Ela não se acha isso tudo de verdade, mas sempre repete para convencer alguém.

---

9   Uma homenagem a todos os ELES e ELAS que curtem fazer o tipo *foderástico* na internet.

Ela é "a cara"! Ela é "a coragem"!

Ela é aquilo que todo homem quer, mas não sabe.

Ela é menina e mulher na mesma pessoa – todo mundo diz essa frase!

Ela é fogo, água, terra, coração – Vai Planeta![10]

Ela é independente e se ama, ou pelo menos tenta parecer.

Ela é tudo e nada, é céu e inferno!

Ela diz coisas sem sentido, mas que pareçam *cool*[11].

Ela é retórica, metafórica e meteórica! É melhor se cuidar!

Ela chega e faz o mundo parar… pára mesmo que eu quero descer!

Ela é tudo isso, mas você tem que ser foda para merecer.

Ela tem o que quer e você a quer, mas você não é bom o bastante.

Ela se sente só e chora… mas é a pessoa mais feliz do mundo no *Insta* e no *Face*!

Ela se importa com o que é importante – e não é você!

Ela é ela e como ela não há ninguém!

Ela é única e especial.

Ela é tudo que a TV diz que ela tem que ser. E mais!

Ela é a imagem da futilidade, mas tu não tem nada a ver com isso!

Ela é sombra, ela é luz.

Ela é o coco, a cocada e o cuscuz.

Ela é o "ó" do borogodó.

Ela é aquela que nos dá dó.

---

10 Um referência ao desenho animado "Capitão Planeta" exibido na década de 90. Um super herói que defendia o meio ambiente e era evocado pela união dos elementos, quando se bradava "Vai Planeta!".

11 A expressão *cool* é um estrangeirismo que vem do inglês e significa "legal".

Simplesmente ELA...

Vida Moderna

Deitado, desperto, aperto o botão.
O alarme que toca, é hora da ação!
Pulo da cama que sempre me chama.
Às suas carícias não dou atenção.

O tempo me aperta, ele me detesta!
Encurralado... me deixa sem brecha.
Sou presa fácil, me ronda e engana.
Sempre às pressas, a vida escorrega.

Litros de Red Bull e café com canela.
Quisera a alma nua, vazia e singela,
Evitar o abismo, incerteza, pessimismo.
Cambaleia, contudo, em cima da banguela.

O trabalho duro, punk, estressante,
Diurno e noturno, deveras maçante.
Durmo acordado, pois duro é o fardo!
A razão disso tudo é, contudo, intrigante.

Meu corpo cansado, moído e ralado,
Sujo, fedido, cortado e furado,
Deseja a cama que sempre o chama!
Não entende o labor, nem deseja o arado.

Sentado, a cadeira parece a prisão,
Olhos fitados, total atenção!

Percebo a verdade: não tenho liberdade!
No corpo, na alma e até no coração.

Dia ocupado, de repente… a janela.
Que ali sempre esteve, mas nunca a vi tão bela.
Há vida lá fora! Percebo isso agora!
Mas a minha aqui perco, olhando lá fora.

Na minha cabeça sempre há muita dor,
Por usar todo dia aquele computador,
Complexo, veloz, eficiente, atroz,
Me enche de labor e me priva de amor.

Tarefas frias, chatas e irritantes,
Enchem meus dias tolos e delirantes.
Do acaso, do tédio, amargura e desmérito,
Fazem de mim pobre alma arrogante.

A rotina do trabalho no frio escritório,
Enchem meu ser de um odor retórico.
Calamitosa indiferença decreta-me a sentença,
Saciarei meus dias neste labor melancólico.

Procurando sentido acesso a internet.
Ligo a TV e assisto a Gato Net.
Pornografia, Facebook, Instagran, YouTube…
Procuro prazer, alívio, uma prece!

Não sei por que vivo essa vida insana,
Nem sei para onde vai ou por onde ela anda.
Coisas, desejos, consumo e anseios,

Loucura *no sense* que da alma emana.

Deitado, não desperto, nem aperto o botão.

O alarme que toca, mas não há mais ação.

Fico na cama, que agora nem chama.

Não há mais carícias, não tenho atenção.

Os dias passaram, não há mais razão,

A vida moderna deixou-me na mão.

Não vivi, não amei, não causei e parti.

O tempo perdido se foi sem perdão!

Coisas, desejos, consumo e anseios,

Ilusões que passaram, não tenho rodeios.

Besteiras vazias, sutis armadilhas,

Quero agora buscar o que for verdadeiro.

A Perspicácia de um nem-nem[12]

Não nasci para estudar, não tenho esse talento.

E se for para ralar, prefiro dormir ao relento!

Acordo ao meio-dia com os olhos remelentos.

Eu não tenho compromisso com ninguém nem com o tempo.

Um dia vou estudar, pois meus pais enchem o saco.

Querem me ver trabalhar, meu Jesus, o que eu faço?!

Todo dia a *pentelhar*, não desistem, isso é chato!

A vida é boa sem ralar! Quero evitar o enfado.

---

12 *Geração nem-nem* é como ficou conhecida a população jovem que nem estuda, nem trabalha.

Bill Gates[13] não fez faculdade, nem o Mark Zuckerberg[14],

Por que eu em tenra idade? Vida assim ninguém merece!

Serei grande como eles, um enorme icebergue!

Vou andar é de Ferrari, quero nem saber de jegue!

Prefiro em casa pensar, matutar como ser rico.

Mas rico sem trabalhar, sou esperto e não jerico!

Meu dia há de chegar, *cê* vai ver, não fique aflito.

Sei que vou arrasar! Mas antes paro e reflito...

No quarto, em meu doce lar,

No descanso, em meu lindo sofá,

Com meu mega console a jogar,

Para relaxar e me inspirar!

Grandes gênios precisam de paz.

Vê se não me azucrina, ô rapaz!

Papo de trabalhar, nunca mais!

Me espanta as ideias, *cê* parece meus pais!

Estudar é pra gente pequena, eu prefiro pensar grande!

Sou um cara que se antena, nessa rede social gigante.

Escolas são ultrapassadas, não quero ser arrogante,

Mas professores servem pra nada, sua didática é irritante!

O mundo mudou faz tempo, a escola precisa também.

---

13 Considerado o fundador da Microsoft.
14 Considerado o fundador do Facebook.

É como navegar à remo, ao invés de à motor, meu bem.
Esses processos antigos não conseguem ensinar ninguém.
Precisamos de internet e jogos, coisas assim mandam bem!

Melhor é ser empresário, formação escolar tá com nada!
Vou me virar no mercado, mandar uma "ideia bolada"!
Ter lucro é melhor que salário, o lance é entrar na jogada,
Saber levar um bom papo, vender uma boa parada.

Um cara capaz como eu precisa de oportunidade,
Talento já sei que eu tenho, só to falando a verdade.
Mas pela injustiça da vida só tenho vivido a maldade,
De ver o tempo passar, trazendo o fracasso e a idade.

Tem gente que zomba de mim,
Pela inveja eles agem assim.
Essa gente é pobre e ruim,
Mas não me verão comendo capim!

Sou capaz, vou mostrar pra essa gente!
Eles verão o poder da minha mente!
Um cara esperto e voraz que não mente,
Querendo, engano até a serpente!

Quando estiver lá em cima, cheio da grana,
Minha mega empresa, rica e bacana,
Construída com a fé que nunca me engana,
Vou mostrar pra gentalha a minha banana!

Mas antes de conquistar o mundo,

Enquanto planejo – pensamento profundo,

Viajo na rede com orgulho. E mudo.

Minha estrela vai brilhar e *cês* vão ver isso tudo!

A Balada do Moedor

Bem vindo seja ao moedor de carne!

É bem aqui, no centro do mundo dos covardes,

Onde toda fé se consome e a alma abate,

Onde brota no peito nu o medo,

Ao lado do músculo que já não bate.

Aqui onde toda esperança é finda,

Aqui mesmo, onde só a dor é infinita.

É no mesmo lugar onde se talha sorrisos falsos,

Aqueles esculpidos em rostos esticados.

Aqueles que retratam, sem trato, puro engodo.

A carne chega tenra e fresca – inteira!

Mas logo a engrenagem a trata como se deve.

Num mundo de tolos e toscos onde toda pureza será moída,

Onde toda beleza será poluída e todo sentimento aniquilado.

É nele que a carne tritura e sangra.

Uma massa homogênea produziremos!

Pois é desse modo que poderemos enformá-la.

Pensamentos e comportamentos uniformizaremos.

Nada escapará à força do moedor!

Aqui se cala e a mente guarda toda a dor.

Toda vez que pensares no que eras antes dele,

Tua cabeça se perderá entre sofismas e devaneios.

Terá sido realidade? Será mesmo recordação?

Tão distante está o tempo que era carne,

Que agora, parte dessa massa, mal consigo acreditar.

Vejo-me caminhando para o fogo!

É lá que seremos purificados de toda vida.

Enfim desidratados e assados, sem misericórdia!

Tratados como o resto do gado morto,

Sucumbiremos para alimentar os caprichos de alguém.

Essa é a balada do moedor!

Ele mói. Não tem espírito, sentimento ou pudor.

Jogados a ele somos tão somente carne e sangue.

Mas sem vida, sem auto conhecimento ou auto crítica.

A carne não pensa, somente padece.

E padeceremos a cada dia, sem pudor ou sentimento.

Toda manhã reavivaremos nosso tolo desalento.

Santificaremos nossas misérias, lamberemos as feridas.

Consagraremos nossos erros e nossa grande apatia.

Moídos, fracos, falidos… mas sorrindo na selfie :-)

Capítulo 2 – Reflexões sobre esse Mar de Bundas

Depois de poetizar, vamos filosofar… e mantenha-te atento às referências implícitas sobre os valores do mar de bundas, ok? Não serei repetitivo quanto a citá-lo.

Quem Você É?

Pergunta simples, não? A pergunta sim, mas a resposta… aí fica difícil. A maioria das pessoas têm problemas com essa pergunta. As que tentam responder – pois quase tudo mundo se nega – geralmente fala daquilo que gostaria de ser ou descreve o que acha que os outros esperam dela. Dizem aquilo que, segundo acreditam, atende as expectativas dos demais.

Mas… a pergunta persiste: quem você é?

Não se trata de se definir para os outros ou de corresponder a tal expectativa social sobre você. Não se trata de atender aos anseios de amigos, familiares ou da galera com quem você se relaciona. Não é sobre o que você mostra sobre si mesmo nas redes sociais ou sobre o personagem que você interpreta para os outros, quer seja no trabalho, na rodinha, nos almoços de família, na escola, na faculdade, na igreja, no meio da turma do futebol, da corrida ou do volley.

O ponto aqui não é falar daquele monte de máscaras idiotas que todos nós usamos rotineiramente. Estou falando de autoconhecimento. Aquela consciência de si mesmo que conduz à tão sonhada liberdade! Aquela que todo ser humano que respira, lá no íntimo, deseja.

O comportamento mais comum é fugir de uma pergunta dessas, quer seja simplesmente negando-se a responder, quer seja utilizando respostas padronizadas que todo mundo repete por ai. É tal como a velha pergunta sobre a felicidade. Todo mundo geralmente diz que é *mega ultra super power* feliz. Exceto àqueles que sofrem de depressão – para os quais a vida não faz muito sentido e, às vezes, ousam falar até de morte e suicídio.

Esse é um assunto que, aliás, precisamos falar mais para tratar o problema que ele representa. Ou nós o encaramos ou a taxa de pessoas que tiram a própria vida continuará crescendo vertiginosamente – como tem sido nos últimos anos. Vou indicar uns artigos interessantes para você ver, por exemplo, que morrem mais pessoas de suicídio que de guerra, desastres e violência urbana juntos:

- Estável, suicídio entre jovens ainda é quarta causa de morte no Brasil (Portal R7 09/05/18)[15]

- A tragédia do suicídio entre jovens: taxas nunca foram tão altas (Veja 18/06/18)[16]

- Suicídio mata mais que guerras e homicídio, dizem especialistas (Portal G1 08/09/06)[17]

- Crescimento constante: Taxa de suicídio entre jovens sobe 10% desde 2002 (Portal G1 – 22/04/17)[18];

- Suicídio mata mais que homicídio e desastres (Super Interessante – 14/01/15)[19];

Mas voltemos ao tema principal que é a pergunta "quem você é?" e qual a ligação entre ela e os assuntos que parecem perdido aí no texto, a depressão e o suicídio.

Bem, a reflexão é parte fundamental da vida de um ser humano mentalmente sadio. Contudo, parece que a reflexão, principalmente sobre si mesmo, é considerada chata e sem sentido por muitos – no mínimo, nada legal ou atrativa. Afinal, pessoas felizes são "apenas felizes". Elas não precisam refletir, elas não precisam pensar, elas não

---

15 Fonte: https://noticias.r7.com/saude/estavel-suicidio-entre-jovens-ainda-e-quarta-causa-de-morte-no-brasil-21052018

16 Fonte: https://veja.abril.com.br/saude/a-tragedia-do-suicidio-entre-jovens-taxas-nunca-foram-tao-altas/

17 Fonte: http://g1.globo.com/Noticias/Mundo/0,,AA1265848-5602,00-SUICIDIO+MATA+MAIS+QUE+GUERRA+E+HOMICIDIO+DIZEM+ESPECIALISTAS.html

18 Fonte: https://g1.globo.com/bemestar/noticia/crescimento-constante-taxa-de-suicidio-entre-jovens-sobe-10-desde-2002.ghtml

19 Fonte: https://super.abril.com.br/comportamento/suicidio-mata-mais-que-homicidio-e-desastres/

precisam provar nada para ninguém – apesar do grande esforço comportamental para "parecer" tão feliz para os outros. Algo, no mínimo, estranho de se observar.

Será que essa ideologia baseada em desapego, pseudo independência e uma busca louca pela carapuça da felicidade está nos tornando realmente pessoas melhores? Será que estamos tão "maduros" assim para abandonarmos conceitos "ultrapassados" como família, casamento e compromissos afetivos e amorosos duradouros? Os dados mostram que não – não estamos tão "maduros" e "preparados" assim.

Veja que interessante, há mais mortes causadas por *selfies* que por ataques de tubarões. Cara, estou falando de SELFIES, pelo amor de Deus! Para quem não esteve no planeta nos últimos anos, *selfies* são aquelas fotos que as pessoas tiram de si mesmas, geralmente fazendo caras e bocas e, por vezes, arriscando a própria vida só para aparecer.

As *selfies* estão matando muita gente, pode acreditar nisso? Pois é... pelo visto aparecer tornou-se super importante, mais importante ainda que a própria vida das pessoas! Faz duas semanas (maio/2018) assisti umas meninas na floresta da tijuca, no Rio de Janeiro, arriscando-se para conseguir *fotos iradas* em cima da contenção de um mirante à beira de um abismo. Eu pergunto: para quê todo esse esforço? Depois descobri que tirar fotos pulando daquela mureta tornou-se comum, muita gente se arrisca por aquela foto – já vi várias nas redes sociais.

A humanidade já lutou contra a fome, a guerra e a peste – que dizimavam dezenas de milhões de vidas. Hoje essas coisas não são nada se comparadas à suicídio, obesidade e *selfies*. Morre mais gente pelos efeitos da obesidade que de fome no mundo faz um tempo. Acha que estou exagerando? Não vou encher esse texto de referências, mas use o Google, ele é *o cara*! Sim meu amigo e minha amiga, a fome, a guerra e as pragas não são nada hoje se comprados ao suicídio, à obesidade e à *selfie*. Mas mesmo com a guerra da Síria?! Aliás, *pray for Síria*[20]!

---

20   Este foi um jargão muito usado nas redes sociais em todo o mundo quando a mídia internacional começou a enfatizar notícias sobre a guerra na Síria, principalmente no início de 2018. A frase, em inglês, significa algo como "reze/interceda pela Síria".

Como é que pode?! Sim, mesmo com TODAS as guerras em curso juntas. Basta você pesquisar cinco minutos na internet para constatar isso. Então, não *pray ONLY for* Siria[21], mas *pray too for* obesos, depressivos, tarados por *selfies* e vítimas dessa falta de valores morais e culturais que nos abate hoje ainda muito mais! *Pray for* todos que hoje nadam e afogam-se nesse mar de bundas interminável!

Então, quem é você? Será que esse abandono dos valores e da autoavaliação para viver uma vida industrializada, enformada e enlatada que te ofereceram está realmente valendo a pena?

Você pode estar na moda, participando de grupinhos *super cool*, tirando altas *selfies*, cercado de "amigos" para todos os lados – milhares no *Face* e no *Insta* -, tirando a maior onda com seu corpinho em forma (forma de barril ou da musa *fitness* do momento, não importa) e, mesmo assim, pode estar infeliz e destruído por dentro. Quem conhece o que lhe diz sua consciência à noite, quando deita a cabeça no travesseiro para tentar dormir? Você a escuta ou manda uma *selfie good vibes* via *status* do *WhatsApp* pra sua consciência nessa hora?

Adoro esse mundo das futilidades e das redes sociais! Eu realmente dedico um tempo do meu dia à isso, em especial quando vou ao banheiro. Fique de olho no meu Facebook e você saberá quando eu estiver lá! É quando faço minhas melhores reflexões…

Não, não morra de nojo, ódio ou gargalhadas… calma! Quero evidenciar com isso o quanto esse nosso "produto" é nojento e fedorento. Estou falando da vida nas redes sociais e da busca por parecer mais do que ser, ok? Favor não confundir os "produtos".

Mas afinal, quem você é? Será que eu ou você somos definidos, ou pelo menos influenciados, pela nossa cultura? Talvez as próprias redes sociais possam estar dizendo quem somos hoje em dia. A religião já fez isso, será que continua fazendo com você? Talvez a pressão da família? Quem sabe sejam seus "amigos" que estejam colocando titica de galinha na sua cabeça? Quem será o culpado? Quem sabe seja você

---

21 Ou seja, não reze/ore/interceda apenas pela Síria.

mesmo? É bem mais provável... o que acha?

A religião, a família, os amigos – verdadeiros ou não -, as redes sociais ou seja lá quem mais você puder citar e culpar estão sim sempre dizendo muita coisa. Sempre foi desse jeito e continuará sendo! Há mil "forças" ao seu redor dizendo quem você deve ser, o que deve vestir – ou até que deve andar nu -, como deve andar, no que deve pensar – ou que nem deve pensar em nada! O que importa é a quem você vai ouvir. Você tem ouvido a si mesmo? Quais são os SEUS valores? No que você realmente acredita? O que você acha disso tudo que tem sido *zumbizado* no seu ouvido? Bem, para que você crie valores e tome decisões conscientes será preciso REFLETIR, principalmente sobre si mesmo. Chama-se autocrítica ou autoavaliação. Um exercício sensacional!

Há muita coisa boa na internet, nas religiões e em todo lugar assim como há muita coisa ruim. Alguém que se importa com você pode te dar um conselho que vai ferrar com a sua vida se você o seguir. Mesmo alguém que te ama de verdade – serão poucos na sua vida -, poderá te conduzir por um caminho amargo. Qual fator é fundamental nisso tudo senão sua própria avaliação consciente dos prós e contras? Você é o único realmente responsável pelo que faz com a sua vida. Eu sou o único responsável pela minha vida, não posso fugir disso e você também não pode. Logo, vale a pena refletir e criticar. Vale a pena não fingir que tudo é simples demais e dizer coisas como "ele(a) só quer paz!". Não meu amigo(a), não funciona desse jeito. A paz é uma conquista! E como todas, só se adquire com luta!

Seja o que os outros dizem que você deve ser e então será como uma obra de arte abstrata – colorida, borrada e sem sentido. Cada um verá o que quiser em você, mas você mesmo não será capaz de se compreender. Precisamos ser mais do que isso. Nosso maior valor está em nossa individualidade. Ser mais uma figurinha repetida nunca completa o álbum de figurinhas e não faz nenhuma diferença. O seu maior valor está no que você é capaz de tornar diferente em você para que isso se reflita no pequeno mundo ao seu redor.

Fazer o tipo patricinha, garanhão, playboy, descolado, popular, fashion, machão, feminista, religioso, esportista, aventureiro, bad-boy ou qualquer outro pode fazer alguém ser aceito, mas nunca autêntico – e muito menos feliz de fato. As decepções e frustrações sempre vem, não tem jeito. Sabe o motivo? É que no fundo só queremos nos sentir menos solitários do que realmente somos. Temos a necessidade natural de vivermos em sociedade e esse papo de moderninho(a) independente é só mais uma besteira sem sentido que às vezes deixamos entrar na nossa cabeça.

De fato, nós precisamos uns dos outros – nós vivemos em sociedade! O respeito, a integração social e o amor ainda são as coisas que conseguem preencher de verdade a alma de um ser humano. Vamos cultivar coisas valiosas ao invés de futilidades que fazem de nós mais robotizados e menos humanos – e também menos felizes – a cada dia. Temos muita tecnologia, nos livramos de nossos principais problemas contra os quais lutamos por milénios tais como fome, guerra e pragas. Mas estamos deixando nossa cabeça vazia e adotando estilos de vida cada vez mais danosos ao nosso ser. Estamos abrindo mão de valores e adotando os nossos piores "produtos" como se fossem nossos novos e grandes "tesouros". Podemos fazer melhor que isso, eu e você, juntos! Afinal de contas, a pergunta persiste e só você poderá responder: quem você é?

O Esplendor da Felicidade

Ser feliz é esplendoroso! É maravilhoso! Quem é feliz de verdade sabe disso, não é? É verdade, nós sabemos o quanto. E provavelmente você, assim como eu, é alguém feliz de verdade! Afinal, quem não é feliz? Num mundo como esse, lindo e maravilhoso, cheio de coisas boas para nos oferecer, cheio de coisas lindas para se aproveitar, paisagens magníficas para se contemplar, lugares de belezas indescritíveis para se conhecer, praias, desertos, cânions, rios, cachoeiras, restaurantes espetaculares, culinárias ricas e diversas... são tantas coisas incríveis que listá-las preencheria páginas e mais páginas.

Além disso, claro, se você não tem isso tudo – e quase ninguém tem – você pode ser positivo e feliz assim mesmo. Curtir os zilhões de amigos, as muitas aventuras – desde as culinárias ou literárias até as que envolvem contato real com a natureza e, inclusive, as que oferecem algum risco. Você pode também não ter muito dinheiro, mas ainda ser imensamente feliz, curtindo a vida à sua maneira.

Pode estar só, mas ser feliz da mesma forma. Afinal, quem precisa de alguém? Se você se ama isso é mais que suficiente! Amor próprio basta para suprir qualquer necessidade ou aspiração na vida, não é verdade? Quem precisa de marido ou esposa e talvez até filhos? Ninguém precisa realmente de nada disso, tudo isso é uma questão de opção.

Quem precisa de religião? Quem precisa estar apegado ao que quer que seja? Coisas, ideologias ou pessoas, não importam! O mundo é imenso, as opções são ilimitadas e você é completo em si mesmo para ser feliz e aproveitar o que puder – do modo que achar melhor!

Você não precisa de mais nada nem ninguém, além da sua própria companhia, muita energia positiva e vontade de ser feliz! Você é o único elemento realmente necessário na sua história de vida, todo o resto é opcional e passageiro. Pessoas vem e vão. Romances passam. Até mesmo a família, nem ela irá durar pra sempre. Então o que realmente importa é você! Apenas você!

Pelo menos essa é a mensagem que mais ouvimos hoje em dia e que cada vez mais pessoas tentam acreditar de corpo e alma. E eu também sei falar assim, você viu como é fácil? Mas realizar essa utopia egoísta e egocêntrica como se fosse uma verdade absoluta – e como se as pessoas não tivessem real necessidade de se relacionar com seus iguais – é que é o grande problema.

Hoje muita gente diz "fugir de pessoas negativas". Acho isso o maior barato quando eu escuto. Como se alguém pudesse ser positivo o tempo todo. Como se fosse possível estar sempre feliz. Como se fosse sequer viável essa ideia estúpida de que é possível estar "pra cima" a todo momento sem nunca fraquejar. A teoria da felicidade infinita e da auto-suficiência não tem sustentação ou embasamento de nenhum tipo – quer seja biológica, filosófica, religiosa ou qualquer outra. E acreditar nisso é se auto-enganar a troco de nada – senão uma grande frustração.

Crer nesse tipo de falácia é alimentar expectativas inalcançáveis que, cedo ou tarde, cobrarão seu preço.

Você, assim como eu, é provavelmente uma pessoa que sente felicidade e tristeza, alegria e satisfação, assim como dor e angústia. Pessoas normais sentem-se frustradas às vezes e trazem em si um ou outro trauma e um ou outro drama. Elas choram e sentem-se sozinhas. Elas desejam mais do que possuem e, acima de tudo, pessoas normais precisam de outras pessoas – principalmente os membros da própria família e os amigos mais chegados.

Eu poderia argumentar, por exemplo, com uma infinidade de provas extraídas do nosso conhecimento científico. Afinal, hoje já conhecemos tanto sobre a nossa biologia que já fomos capazes de mapear quais áreas do cérebro humano processa cada sentimento, sensação e até nossas funções vitais. Sabemos onde está a memória, o raciocínio lógico e até onde é criado aquilo que chamamos de amor ou paixão e, pasme, não é no coração que eles nascem. Apesar das sensações que você sente e que podem parecer vir dele, de lá só entra e sai sangue, mais nada – às vezes mais gordura que sangue, depende muito da sua alimentação ;-).

Nossos nobres sentimentos são apenas processos bioquímicos, ou seja, reagimos aos eventos da vida – internos ou externos. Eles disparam – como um gatilho – a produção de substâncias pelo nosso cérebro e é isso que nos faz ter essa ou aquela sensação. Como dor ou prazer, por exemplo. E o que nos difere muito como indivíduos é que cada um tem uma "calibragem" diferente nesse funcionamento bioquímico. Isso faz com que algumas pessoas experimentem as sensações positivas – galera *good vibes* – com mais frequência e facilidade que outras. São afortunados assim como aqueles que comem muito e não engordam, como aqueles que possuem um corpo atlético sem precisar se esforçar muito para isso ou que possuem um QI muito acima da média. A natureza concede "presentes" diferentes a cada um. E também problemas diferentes, tais como pressão alta, diabetes, câncer, depressão e por aí vai.

Você não escolhe como quer nascer. Imagine, alguém chega na

famosa "fila antes do nascimento" e pede muita beleza, ou muita inteligência. Tradicionalmente usamos essa historinha para sacanear os amiguinhos, dizendo que abusou de uma fila (a da beleza, por exemplo), mas esqueceu da outra (que poderia ser a da inteligência ou a do caráter).

Mas vamos supor que você não goste de ciência e não tenha entendido uma vírgula do que eu disse. Ou simplesmente seja cético quanto à ciência e goste de outros tipos de abordagens.

Nesse caso eu poderia argumentar filosoficamente, para os mais reflexivos. Poderia lembrar que a felicidade plena não faz sentido já que, sem sofrimento, o próprio conceito ou noção de felicidade não poderia existir. E para ser "plena", nenhum sentimento adverso seria admissível. Daí depara-mo-nos com um pequeno paradoxo. Não pode haver o positivo se não houver o negativo. Para se conceber um conceito tão abstrato quanto o da felicidade seria necessário a concepção de seu oposto. E mais, para que o primeiro conceito, o da felicidade, seja o de maior "valor", é preciso que ele seja raro e/ou que possua um custo, provavelmente alto. Não importando a natureza desse custo, ele tem que existir. Pois do contrário a felicidade não seria de modo algum valorizada. E bem sabemos o quanto a valorizamos – isso é fato e prova cabal ou, no mínimo, evidência inegável, dessa teoria simplória e super resumida, mas bastante intrigante.

Mas ok, filosofia é sacal, dane-se a filosofia! Por estudo antropológico ou sociológico eu poderia dizer que, em toda nossa história, cultura e arte o sofrimento e a dor são tão presentes e marcantes quem chegam a superar nossa produção artística e cultural envolvendo ou retratando apenas a felicidade. Na verdade, as massas demonstram pouco interesse em obras que apresentam a felicidade como tema central. A dor, o sofrimento e a violência, entretanto, encantam as multidões. Em geral o "final feliz" só ocorre mesmo no final das tramas – evidentemente – de qualquer história, mas o curso da mesma é cheio de dor e aflição. O final feliz é degustado como o ápice de uma história onde ele foi buscado com intensidade e alcançado com alto preço! Histórias assim nos comovem e nos enchem de inspiração. E porque será que nos "inspira"? Certamente não é porque já somos plenamente felizes. Ou você poderia aspirar tanto por aquilo do qual já está cheio?

Mas chega disso tudo, você talvez seja religioso e por isso acredita que a felicidade plena pode ser encontrada em seu deus ou sua fé. Ok, já ouvi muito isso também. Mas é interessante como os religiosos e seus livros sagrados encontram-se cheios de problemas e lamentos, além de histórias cruéis e violentas. É interessante observar que os religiosos choram e que fazem preces emocionadas buscando pelo fim desse ou aquele sofrimento. Um filho nas drogas, uma esposa ou marido problemático, uma doença teimosa... pode ser qualquer coisa. Mas dizer-se feliz perante seus iguais continua sendo muito importante e até confere um certo prestígio religioso. Diz-se que "fulano tem muita fé, já que está sempre feliz". Ou ainda que "ciclano vive triste, então ele não tem fé ou está em falta" - em falta, ou em pecado, com alguma entidade espiritual. Interessante como algo tão comum, os sentimentos tachados como negativos, começam a se tornar sinal até mesmo de demérito religioso.

Há também os que acreditam que a tristeza não pode existir se você for "bem resolvido" – seja lá o que isso for – ou se você simplesmente "pensar positivo" e "se encher de luz". Já fiquei debaixo de muita luz o dia inteiro, trabalhando bastante numa laje, mas não senti nada de tão especial – apenas dores musculares. Mas concordo que essa coisa de "se encher de luz" funciona bem quando se está a beira mar curtindo uns drinks ou uma cerveja gelada.

Esses, na minha humilde opinião, são os piores. Sua pseudo fé costuma não ter nenhuma base, fundamento ou explicação. Geralmente se apegam a uma ideia bastante superficial, simplória e subjetiva como apenas "pensar positivo". Daí ignora-se os problemas para que eles se resolvam sozinhos – geralmente tendem a piorar. Mas não vamos entrar nos detalhes de que todos sofremos eventualmente e que todos temos problemas. Pois isso é redundante, é "chover no molhado" – e você já sabe disso.

Então, já que não importa sua *praia*, podemos admitir honestamente que todos sofrem e que ninguém possui a tal "felicidade plena"… gostaria de saber por que hoje vivemos uma epidemia onde as pessoas querem esconder seus problemas a qualquer custo e viver numa espécie de "felicidade ostentação"? E ainda fazer isso – manter essa aparência medíocre – como fosse a coisa mais importante das suas vidas? E o pior, por que muitos de nós quer fugir de qualquer um que diga que tem um problema, que está enfrentando um momento difícil ou que precisa de ajuda? É porque isso não é "descolado"? É porque pessoas positivas não devem andar com pessoas negativas? Será que é porque a pessoa com problema deve estar em pecado? Interessante esse comportamento, não? Mas a minha e a sua vez também vai chegar e será difícil ter amigos depois de ter virado as costas para todos. Talvez nessa hora eles prefiram ser positivos também e se afastar de nós, os negativos. O mundo dá voltas.

A verdade é que a dor e o sofrimento são tão comuns e naturais em nossas vidas quanto o prazer e a felicidade. Apesar destes últimos tenderem a ser mais raros, ao contrário do que se prega por aí. Aceitar esse fato não é apenas honesto, mas também – e principalmente – saudável. Imaginar que você deve ser feliz o tempo todo por pressão social, crenças e dogmas ou só por achar que deveria ser assim só aumenta o sofrimento, criando uma **expectativa inalcançável**. Os momentos difíceis ou dolorosos nos movem e nos fazem crescer, além de, em primeira análise, garantirem nossa própria sobrevivência. Aprender a lidar com as dificuldades e limitações nos faz mais fortes. É assim que, de fato, a vida de todas as criaturas funciona – e nós não somos exceção.

Você só procura por comida e se esforça para obtê-la, por exemplo, porque sente fome. A fome é uma coisa ruim, negativa, mas é ela que garante que você irá se esforçar para se alimentar e continuar vivendo. A solidão é horrível, mas é o que garante que você irá procurar uma parceira ou parceiro. Nele ou nela você encontrará o prazer e é isso que garantirá a continuidade da nossa espécie. Ninguém gosta de sentir esgotamento ou cansaço, mas é isso que garante que as pessoas vão descansar para continuar a vida num outro dia. A dor é horrível, mas é quem te alerta sobre eventos que causam danos à sua integridade física. Não há como escapar de sensações ruins e, na verdade, isso é muito "bom". Se você pudesse aniquilar qualquer dor, ansiedade e sensação ruim não sobreviveria muito tempo – e tão pouco amadureceria como pessoa.

Sua tristeza te levará a tomar posições na vida que você não tomaria se jamais saísse de sua zona de conforto. A dor ou preocupação pela possibilidade de perder as pessoas é o que nos faz valorizá-las. A saudade nos torna mais unidos. A preocupação nos trás o cuidado. O estresse nos deixa atentos aos perigos.

O conceito de felicidade plena e o desejo de estar sempre pra cima são extremamente nocivos. Tudo que experimentamos é importante e faz parte daquilo que nós somos. Negar-se momentos de tristeza ou sentir-se mal por não conseguir ser feliz o tempo todo é tolo, banal e é um sinal de falta de equilíbrio emocional.

Se alguém está com problemas e notarmos isso, não temos aí um motivo para fugir da pessoa ou evitá-la. Ela não está com nenhuma doença contagiosa. Conversar e dar algum apoio não vai nos tornar menos positivo ou abalar nossa reputação de *good vibe*. Nem mesmo vai nos passar alguma "energia negativa". Na verdade, pode até fazer de nós uma pessoa melhor, menos fútil e menos egoísta. Todos nós somos fúteis e egoístas ocasionalmente ou circunstancialmente. Ninguém é perfeito, certo? A atitude de ajudar o próximo pode ainda nos render amigos que vão nos apoiar quando chegar a nossa hora – e acredite, chega a de todo mundo.

Os atos de compartilhar e de apoiar o próximo também já estiveram "na moda". Hoje em dia, porém, as pessoas andam cultivando mais a mesquinharia. E quem acha negativo falar dessas coisas, na minha humilde opinião, precisa se tratar. Não é um problema "falar de coisas negativas". Elas fazem parte do todo, assim como as "positivas". Todas as coisas tem o seu lugar no mundo e nós não somos o centro do universo. Nossa espécie não é tão especial como gostamos de pensar. Apenas somos mais pretensiosos e arrogantes que os outros animais que conhecemos.

Pense nisso: alguém consegue resolver seus problemas apenas os ignorando? Fazer de conta que não há nada errado torna tudo certo?

Evitar pessoas "negativas" torna o mundo "positivo"? É claro que não. Para se resolver os problemas é preciso força e coragem para enfrentá-los. Para que as coisas fiquem "certas" é preciso trabalhar no sentido de torná-las assim. Para que o mundo fique mais "positivo" é preciso discussão e ação. O planeta terra não é um lugar mágico e encantado onde as pessoas voam se tiverem pensamentos felizes e sim um lugar onde podemos crescer e conquistar! Mas apenas se nos empenharmos para isso.

Seja feliz, sim, quando a felicidade for oportuna. E chore, lamente-se, viva seu drama quando for o que a vida lhe tiver a oferecer. Não se preocupe em sempre "fazer limonadas com os limões que a vida lhe der", isso chega a ser idiota. Correr das dores é uma atitude covarde. Envergonhar-se de suas mazelas e negar suas mágoas é sinal de que falta saúde emocional. O que é normal é ser humano e os humanos choram assim como sorriem, eles amam tanto quanto odeiam, eles sentem dor, frustração, inveja e também são capazes de atitudes nobres, de viverem momentos de prazer e sentirem-se realizados. Tudo tem seu lugar e seu tempo. Não precisamos viver desesperados atrás da felicidade infinita e nem preocupados em parecermos felizes.

Ninguém tem a obrigação de ser feliz. Muito menos o tempo todo – isso é absurdo! E ninguém deve aceitar a pressão de ter que ser positivo o tempo todo. Está triste? É direito seu, viva a sua tristeza e, se possível, aprenda algo com ela – se não for possível aprender nada também dane-se! Está deprimido? Vá se tratar, mas não negue isso, pois é algo perfeitamente normal – todo mundo fica deprimido em algum momento da vida. Anda cabisbaixo? Você não deve nada a ninguém, muito menos a tarefa de ficar distribuindo sorrisos e esbanjando alegria quando não é isso que te enche a alma no momento. Não se preocupe em parecer feliz, preocupe-se em viver a sua vida como ela é e pronto.

Claro, não está aí posta uma bela oportunidade para ser mal educado, indelicado, agressivo e mandar tudo mundo se esconder em buracos nojentos e indesejáveis. Sua tristeza ou problema não é desculpa ou justificativa para a falta de educação ou desrespeito ao outro. Mas também não significa que ninguém é obrigado a demonstrar felicidade o tempo todo.

As redes sociais, as receitas de bolo para a felicidade, os positivistas, os religiosos, os baladeiros e os espiritualistas que me desculpem. Mas vou dizer que estou feliz só quando eu estiver. E quando eu estiver infeliz não direi nada e pronto – que me deixem quieto no meu canto! Vou escrever sobre meus pesadelos assim como sobre meus sonhos. Vou abordar o ódio, assim como o amor. E vou tecer teias assim como teço aspirações, pois sou um ser humano normal, com sentimentos de todos os tipos, e ninguém me obrigará a fingir ser nada que eu não sou realmente.

Quem quiser me ver como chato, negativo, pecador, inconveniente, esquisito, anti-social, impopular ou seja lá o que for que me veja como quiser. É direito de cada um ver o outro a sua maneira, contanto que guardem seus julgamentos para si mesmos e que respeitem o próximo, pois isso todos devemos uns aos outros se queremos ter: o respeito. É meu direito, e seu também, sentir-me como for e procurar, em meio a meus problemas e conflitos internos, superar meus próprios males.

No fim dessa reflexão podemos até descobrir que ser verdadeiro trás mais alívio e satisfação do que ser feliz o tempo todo.

Felicidade se Constrói com Gratidão

Em momentos como esse fico pensando em como complicamos a vida sem a mínima necessidade. Poderíamos ser mais realizados, mas nossas escolhas, muitas vezes, nos conduzem à insatisfação.

De que momentos estou falando? Momentos onde paro para refletir sobre como as coisas estão e como poderiam ser. Momentos onde começo a procurar respostas para questões que fogem ao meu controle. Momentos em que começo a olhar as coisas por um prisma holístico, abrangente, macro... numa abordagem *top-down* (de cima para baixo).

Percebo o quanto complicamos as nossas próprias vidas e o quanto perdemos quando não conseguimos ver o quão ricos somos hoje, por mais que possamos enriquecer no futuro. Não falo de riquesas materiais, evidentemente. Mas até a elas isso se aplica.

Quando eu era criança não tinha quase nada, em termos materiais. Desejava os brinquedos da moda que nunca tive, sonhava com uma bicicleta e tinha um certo "tesão" por relógios – hoje não vejo graça alguma neles. Minha saúde também não era lá essas coisas, tive várias doenças chatas que, inclusive, atrapalharam bastante meu desenvolvimento físico. Era magro que dava dó, bastante estranho em vários sentidos, tinha manias esquisitas como não gostar de cortar cabelo e unhas. Minhas roupas eram geralmente doadas e usadas. Sonhava em ter um tênis legal, mas usava uma bota da empresa de construção civil onde meu pai trabalhava – aquela bota de peão de obra. Isso me deu o apelido de "light" quando estava no segundo grau – uma referência ao operário da empresa de energia. E para completar eu tinha depressão e ansiedade crônicas, mas nem sabia que isso existia. Enfim, não foi nada fácil.

Mas sabe de uma coisa? Hoje não tenho mais nenhuma dessas privações da infância e adolescência. Porém, a vida nunca me pareceu mais fácil em todo esse processo. O motivo? Os problemas são como as roupas que vestimos. Nós as trocamos todos os dias, mas sempre estamos vestidos – exceto, em geral, na hora de tomar banho. Parece que nossa alma, contudo, não toma banho com muita frequência – estamos sempre vestidos de problemas que podem ser de ordem financeira, relacionada à saúde, da vida afetiva, familiar ou muitos outros *looks*[22].

Os problemas sempre existirão. Pois eles estão, acima de tudo, dentro da nossa cabeça. Nosso imenso desejo de "ser feliz", seja lá o que isso for, nos pressiona e nos remete à becos sem saída em nossas próprias mentes.

Você sempre quer algo a mais e isso não é novidade para ninguém. A ciência já está cansada de explicar esse processo, que você pode conhecer em qualquer livro que fale da dinâmica da nossa evolução. Ela abusou do mecanismo de recompensas do nosso cérebro

---

22 O termo *look* é muito usado no mundo da moda para se referir a um visual ou composição de vestuário.

para liberar sensações de felicidade e realização sempre que fazemos algo que, acima de tudo, privilegie de alguma forma os tópicos "sobrevivência" ou "reprodução".

Quanto mais se tem, mais se quer. É uma máxima intrínseca à natureza humana – está entranhada em nosso DNA e você pouco pode fazer quanto a isso. Mas pode tomar consciência do fato e entender que hoje você já pode ter realizado muitos sonhos do passado sem nem se dar conta ou ainda festejar em sua alma a grande conquista – seja qual for – já alcançada.

Quando estava doente você desejava ansiosamente pela cura ou, pelo menos, pelo retorno do bem estar. E aí você alcança a cura ou bem estar tão desejados, mas logo se esquece da vitória e passa a "sofrer" por outros motivos. Nos momentos em que estava doente, a doença era seu problema principal e ganhava toda atenção. As outras coisas pareciam menos importantes e tinham menos destaque em seus pensamentos. Recebiam menos atenção. Não eram "problemas tão graves". Mas quando você alcança a cura ou recupera o bem estar, os problemas "menores" tornam-se "grandes" novamente, não é?

Você gostaria de ter um carro, por exemplo, e sonha com ele por anos. Aí consegue comprar seu possante. Usado, com alguns arranhões... mas em bom estado (ou não – não importa). Mas o carro está ali, enfim! E te leva pra onde você quer. Daí você logo percebe que ele tem alguns problemas, que às vezes dá defeito, que não é tão confortável quanto o do vizinho, que há muitos carros melhores que o seu por aí... até que você passa a desejar um carro melhor.

E segue a saga! Você se esforça e compra um carro mais novo, maior e mais bonito. Maravilha, serei feliz daqui para frente por infinitas três ou quatro semanas! E depois começarei a ver os problemas desse novo carro. Preciso trocar isso e aquilo, o ar não está gelando tanto, ele não tem uma boa arrancada, preciso levar no mecânico às vezes – não tanto quanto o outro, mas ainda preciso fazer isso. Já chega, comprarei um carro zero e de boa marca!

Você rala como um burro de carga e compra seu carro zero maravilhoso e dos sonhos! Serei o ser humano mais feliz do mundo agora por infinitos três ou quatro meses! Mas só? Não é um carro zero? Não é de boa marca? O que houve agora? Não sei se você já passou por esse processo, eu sim e também muita gente. Se passou você já sabe a resposta, se não passou vai descobrir que carro zero também dá defeito. Também precisa de manutenção, também desgasta freio, precisa trocar óleo, filtros, velas, fazer higienização do ar condicionado, também gasta o pneu, resseca o limpador de para-brisas, também queima lâmpadas e, enfim, é uma máquina como qualquer outra. Surpreso? Pois saiba que até hoje pessoas imperfeitas (todos nós) não conseguiram construir ou criar nada perfeito.

Saúde é uma das coisas que considero mais importante na vida, mas não conheço ninguém com a saúde 100% perfeita. Todo mundo tem algum problema. Uma pressão alta ou baixa, uma rinite ou sinusite e outras "ites", um coração instável ou fraco, problemas motores, de pele, impotência ou frigidez, alguma articulação ruim e dolorida, problemas de coluna, depressão (sim, é uma doença como qualquer outra), alergias diversas... a lista seria interminável! Mas a gente sempre queria ser como aquela outra pessoa que a gente conhece, aquela que vai pra academia todo dia, sobe montanhas, nada, salta, corre, faz e acontece e que parece ter saúde infinita! Bem, lembra do cara que eu disse no início que tem uns probleminhas – eu mesmo, muito prazer –, então... eu faço tudo isso e ainda outras coisas, apesar das minhas limitações de saúde e psicológicas. Assim como eu vejo outras pessoas e desejo ser como elas, há quem olhe para mim e deseje ser como eu. Mas eles não conhecem meus problemas e limitações, focam apenas no que vêem de bom na minha vida. Quem me dera poder fazer isso também, ou seja, **focar somente no que tenho de bom na minha vida**! Eu provavelmente seria muito mais feliz! Mas olhar somente para as coisas boas na vida de alguém é meio como assistir a vida dela pelo Facebook.

O que eu quero dizer com isso é que você pode se empenhar ao máximo para superar todos os seus limites. E, particularmente, acho essa atitude maravilhosa! Eu mesmo tento ser assim. Mas sempre haverá algo que você ainda deseja alcançar, porém a sua realização deve estar concentrada nas conquistas que você já realizou e não naqueles desafios novos que surgirão a todo momento. Novos desafios são excelentes, mas não coloque todo seu foco neles ou jamais se sentirá realizado.

Sou muito grato pelas curas que obtive de várias doenças as quais me alcançaram ao longo da vida, assim como qualquer pessoa que, eventualmente, adoeceu aqui e ali. No meu caso, algumas quase me levaram à óbito. Sou grato pelo carro que tenho hoje, apesar de ter me deixado a pé outro dia porque a bateria sucumbiu ao desgaste natural. Sou grato pelo lar que tenho, apesar do aluguel caro que tenho que pagar todo mês e uma ou outra coisinha que dá defeito de vez em quando, como a torneira da pia que quebrou mês retrasado, a lâmpada que queimou semana passada e o chuveiro que queimou ontem logo numa manhã bastante fria – isso me deixou deveras irritado! Tudo isso faz parte da vida. Quem não tem carro e casa para morar certamente não reclamará de nenhuma dessas coisas, mas eu não quero trocar de lugar com eles. Estranho, não? ;-)

Também era muito grato pelo casamento que tinha. Eu sonhei com ele a vida toda, achei ter encontrado a pessoa certa. Fiz tudo para que ela fosse feliz, dentro das minhas possibilidades. Enfim, para mim, aquele casamento era a minha vida, apesar dos muitos problemas que ele me dava – naturalmente. Contudo, por mais que eu me esforçasse, ela não parecia feliz ao meu lado e eu certamente nunca estive feliz ao lado dela. O casamento acabou deixando meu coração mais partido que pizza à francesa ou caneca de café quando cai cheia no chão. Foi muito difícil, me esforcei para reconstruir a minha vida… mas sou grato pela oportunidade que tive de construir uma família, **apesar de não ter conseguido**. Pois enquanto muitos não tiveram nem mesmo uma oportunidade, eu, provavelmente, terei ainda uma outra – onde estarei mais preparado e maduro para o desafio e com mais chances de vencer.

Quer uma casa melhor, um carro melhor, um casamento, saúde, riqueza, um helicóptero, a salvação eterna, o universo, o reino de Deus? Não importa, você sempre vai querer mais! Nós sempre alimentamos nosso descontentamento com o presente e a ansiedade com o futuro. Mas dessa forma nada nos trará contentamento, nossa felicidade estará no **eterno "amanhã".**

Meus anseios – e os de qualquer pessoa – nunca acabam. Como as roupas, nós os trocamos constantemente. Hoje meu sonho é de uma forma, amanhã será de outra. Mas se eu apontar meu parâmetro de realização e satisfação para as coisas que eu tenho hoje, ao invés de viver ansioso pelo futuro incerto, terei muito mais chances de ser feliz de fato e viver de verdade ao invés de passar insatisfeito e ansioso pela vida que tive, mas não usufrui.

Sim, somos nós quem complicamos as nossas vidas. O "mundo" simplesmente é o que é e não tem nenhum "sentimento" com relação a nós. Ele não tem "raiva" de nós e nem nos "pune". O "mundo" é só um conceito bastante abstrato. O que encaramos dia-a-dia é a nossa ansiedade por coisas que estão sempre lá na frente, enquanto menosprezamos aquelas que já temos hoje. O nosso alvo e até o sonho de ontem, que realizamos hoje, tem menos valor para nós, em geral, do que aquilo que acabamos de desejar para um amanhã incerto. Isso me parece um reflexo dessa sociedade consumista e imediatista que criamos e mantemos. No mar de bundas, tudo é para ontem e queremos sempre mais!

Estou tentando focar no verdadeiro presente que recebi: o tempo presente. Ele está aqui e tenho nele muita coisa que já desejei bastante no passado. Em abril de 2017 eu estava numa cama de hospital e não era capaz de tomar banho sozinho, hoje posso frequentar a academia, mergulhar e subir montanhas. Quão ingrato seria se não valorizasse essa grande vitória? Não sei quanto tempo vou viver, mas desde então tenho me esforçado mais em dedicar tempo a tomar meu vinho e apreciar o por do sol. Pois enquanto eu viver, vou tentar ser grato pelo que tenho e parar de ansiar tanto os dias que virão. Essa é a melhor forma que encontrei para agradecer a Deus pela minha vida. E creio muito nessa forma de gratidão.

Quando era bastante pobre e morava em Duque de Caxias, no RJ, minha cidade natal, não desmerecia o teto que tinha sobre a minha cabeça nem o bairro onde morava. Amava muito a casa que construí depois de trabalhar intensamente por mais de dez anos. Lembro-me de uma fase em que chegava da faculdade as onze horas da noite e ficava até duas ou três horas da manhã construindo as ferragens das colunas e fundações do que um dia seria aquela casa. E era muito grato por isso. Orgulhava-me de dizer que construi aquela casa com muito trabalho duro e muitas dificuldades. Fiz muitas festas no local que preparei para isso, após mais de dez anos de trabalho para que ficasse tudo pronto.

Hoje vivo uma nova fase e, enfim, deixei aquela casa para morar em outro lugar. Mas a gratidão pelo que tenho agora é a mesma que sentia pelo que tinha antes. O tempo e as lutas em nossa jornada são o que constroem essa gratidão dentro de nós e também moldam o nosso caráter.

A vida é feita de fases e cada uma delas tem alguma importância para nós. Elas nos constroem, são a nossa história. A forma como passamos por cada uma delas e o sentimento que guardamos nos fazem ser quem somos hoje.

Até as pessoas que passam por nós, boas ou ruins para nós, exerceram algum papel. Aos que se foram da minha vida, desejo que encontrem seu caminho e que seja de aprendizado e crescimento. Aos que chegarem, desejo que seja em paz e para construir um futuro ainda melhor. A vida é muito curta para vivermos odiando o próximo, desejando o mal, guardando mágoas, sendo ingratos e desejando sempre o que não temos. Eu quero o que eu tenho hoje. E o que alcançarei no futuro será apenas mais um motivo para festejar os presentes que recebo da vida.

Também virão os dias maus e neles ainda terei coisas boas. Para cada um que me odeia há cem que gostam de mim, dez que me querem muito bem e pelo menos um que me ama de verdade. Não é naquela alma atormentada, a que hipoteticamente me odeia, que eu devo me concentrar. Mas nessas outras cheias de boas vibrações e que desejam o melhor para minha vida.

Romances, parentes, amigos... não importa. O amor deve ser recíproco ou não vale a pena ser vivido. A amizade deve ser feita de parceria ou será um mal para pelo menos uma das partes, mas, em geral, para as duas. O companheirismo e o respeito devem prevalecer sempre para a saúde dos sentimentos e das pessoas.

Num "mundo" como esse, de vidas breves, devemos focar no que somos e no que temos agora para encontramos felicidade e realização. Amar intensamente, deixar de lado o medo, tentar com vontade – sem reservas tolas –, perdoar, ser sincero – inclusive consigo mesmo – e ser sempre grato! Gratidão é tudo! E é o primeiro passo para a liberdade e a felicidade!

Uma Vida Apenas

Somente uma vida. Foi exatamente isso que cada um de nós recebeu. Do acaso, dos deuses, da evolução... cada qual com sua resposta, cada um com sua fé. Mas o fato continua: somente uma vida. Quanta consciência você realmente tem sobre isso?

Claro, você dirá que tem. Não é um fato novo para ninguém. Aqui se nasce, cresce e morre. É assim para tudo e todos desde tempos imemoriais. Mas não é essa exatamente a questão. O nível de consciência que alguém tem sobre sua mortalidade é diretamente proporcional as atitudes que tem em prol de sua própria felicidade.

Gastamos grande parte do nosso tempo vivendo como se fossemos imortais. Mas não somos. E as evidências são várias. Quantos projetos e sonhos você já adiou por motivos diversos e, muitas vezes, até tolos? O quanto tem fugido das realizações que deseja alcançar por medos e inseguranças? Quantos desafios tem deixado de lado pelo temor de fracassar?

Contudo, o tempo não pára. Ele segue seu curso como um rio selvagem e livre. Deixando para trás tudo que tenta lhe deter e empurrando adiante tudo que não estiver firme em seu caminho. O tempo é como esse rio, volumoso, profundo e de águas escuras – pois não há quem possa ver através dele nem desvendar seus mistérios.

E enquanto tememos, nos escondemos, fugimos e hesitamos... enquanto adiamos nossos sonhos, planos e aspirações... enquanto nos deixamos abater pelo tamanho dos desafios que nos afronta, como gigantes de armadura reluzente, armados até os dentes... o tempo, nosso real inimigo, se aproveita de nossa fraqueza e abatimento para nos roubar nosso único e grande tesouro: nossas vidas!

O medo é um mecanismo natural de defesa. Ele limita o homem e os demais animais para que não entrem facilmente em situações que ofereçam risco a sua integridade física e mental. Mas também nos rouba oportunidades, muitas vezes únicas, de realizarmos coisas grandiosas. E a vida? Bem, ela não pára!

Por esse motivo é preciso buscar coragem. É preciso mudar, reinventar-se, aprender novas formas de atacar e se defender, erguer-se sempre mais uma vez, mostrar a vida e ao tempo que mesmo sendo breves você os fará valer a pena!

Não há uma forma fácil de fazer isso, mas a ideia é bem simples: não se detenha por seus medos, não adie seus sonhos, não fuja de suas aspirações e jamais tema o poderoso gigante!

Não sabe por onde começar? Então comece de qualquer jeito, mas não fique parado sem saber para onde ir. Comece um novo relacionamento, um novo projeto pessoal ou profissional, volte a andar de bicicleta, contemple o pôr do sol, assista boquiaberto o movimento das ondas do mar e faça seu espírito renascer forte e corajoso – talvez mais que aquele rio assustador que o leva ao dia do seu último suspiro: o tempo.

Mas e seu eu errar? E se eu sofrer? E se eu perder? Perguntas cruéis que não se deve fazer. O erro, o sofrimento e a perda fazem parte da vida. Sofre desilusões apenas quem ama! Mas do que vale passar uma vida inteira sem amar? Junto poderá vir a desilusão que faz parte desse jogo. Algo que deve ser visto como um acontecimento natural.

Sofrer é fundamental para a condição humana, que sempre anseia ultrapassar novos limites e alcançar novas realizações. Se tens uma alma vigorosa, sabes o valor das vitórias e os custos das batalhas. Não se vence sem guerra e é assim que as coisas sempre funcionaram e funcionarão.

Aceite o risco. Faça apostas. Seja ousado! O azar não vem para quem não põe suas fichas na mesa, mas também não vem sobre ele a sorte. De que vale toda uma vida insossa? Sem derrotas, mas sem vitórias. Sem azar, mas sem sorte. Sem desilusões, mas sem amores. Será uma vida ou mera existência, que passará sem gosto e sem lembranças que valham o esforço de serem recordadas?

Quero ter a vontade e a coragem para me atirar de qualquer penhasco que me apareça, apenas para sentir na pele o sabor do vento e, por alguns momentos, realizar o meu desejo de voar! Pois para onde vou não tenho certeza. E se terei outra chance de realizar algo ousado e incrível, não tenho como saber. Mas uma coisa eu sei: esta vida tenho em minhas mãos, farei com ela o melhor que puder, para que não tenha somente lamentos em meus últimos dias, mas sim muitas realizações.

Se no fim da vida meus ossos não me permitirem levantar, saberei que minha alma, mesmo assim, estará de pé e poderá até voar.

O que na vida se deixa

Da vida nada se leva... discurso clássico, frase dita e repetida tantas vezes e por tantos que jamais poderíamos contar. E ela merece tanto o eco quanto o mérito, pois retrata uma grande verdade.

Refletir, porém, sobre o que da vida não se pode levar é apenas uma prova cabal de nosso egoísmo. É materialização de nossa imaturidade e pobre consciência. Pois basear nossas vidas em coisas que podemos possuir é tão efêmero quanto a nossa própria passagem por esse mundo. Talvez devêssemos nos perguntar o que na vida podemos deixar ao invés de lamentar o que não podemos levar.

Nosso apego às nossas coisas nos cega e nos torna pequenos. Uma simples reflexão sobre esse pensamento, "levar da vida", revela o quanto temos a aprender sobre as coisas que podem nos oferecer realização.

O amor próprio nunca foi tão pregado e difundido como nos dias atuais. E a ideia de amar a si mesmo nunca foi tão bem vista por tantos. Mas ela é uma ideia muito antiga...

Aquele que vive apenas para si e constrói apenas para seu próprio proveito, tem em suas quinquilharias sua própria recompensa.

Há, porém, muito mais nobreza e satisfação no ato de servir do que no de ser servido.

O humilde encontra alegria na simplicidade. Mas o ambicioso jamais se satisfará. Vivendo sob o fino acabamento dos minuciosos e delicados detalhes de uma linda mansão, enfeitada com as mais belas obras de arte, feitas pelas mãos mais talentosas que a espécie humana pôde produzir, ainda encontrará insatisfação e seu prazer não será alcançado plenamente. Tudo para o ambicioso é falho, pouco, insuficiente… nada lhe compraz.

Para os olhos do que tudo quer, o tudo lhe parece nada. Para as mãos do que tudo tem, tudo ainda é muito pouco. Para a boca do que de tudo come, absolutamente nada satisfaz o paladar. A alma do que tudo deseja é como um poço seco e sem fim. Nada pode preenchê-lo. Nada pode completar um quebra-cabeças que não tem forma, cores nem sentido.

Há muito mais alegria na alma do pobre, mas de coração humilde, do que na vida de mil ricos ambiciosos que, tendo tudo, jamais alcançarão a felicidade. E o tudo que ele tem lhe parecerá como nada.

Assim também é o que ama apenas a si mesmo. Aquele para quem o único senhor é o próprio coração. Ansioso por agradar a própria alma, encontrará apenas amarguras. Há mais alegria naquele que serve com propósito do que naquele que vive para si mesmo e é servido por mil. Amar-se é muito bom, mas amar o outro é muito melhor.

Nenhuma árvore produz frutos para alimentar a si mesma. Mas ao dar frutos em abundância, que alimente a outros seres, tem a sorte de ver sua semente sendo levada para locais onde jamais poderia chegar sozinha. E é assim que sua descendência prosperará.

O que eu tenho feito para deixar na vida? E para quem tenho deixado?

Nada que o homem produz para si mesmo será lembrado. Mas o que faz para a posteridade inspirará, dará frutos e beneficiará a vida de muitos. Grandes homens são lembrados pelo que fizeram a muitos e não pelo que acumularam para si mesmos. Aquele que partilha é mais próspero que aquele que amontoa. O que apoia recebe mais do que aquele que é apoiado e o que dá tem mais do que quem recebe.

Assim é a matemática da generosidade: o ato de dividir produz o de multiplicar e o que soma para si subtrai de todos!

Até aqui alguém poderia pensar: esse louco quer me convencer a dar minhas coisas… será que ele faz isso? Ora, aquele que não deseja, nada realiza. Logo, desejar é importante. E o que há de mal em buscar agradar também, **mas não exclusivamente**, a si mesmo? Se trabalho, sou merecedor dos frutos que o meu suor produziu. E não há nada errado em cuidar do meu próprio conforto. Mas é muito mais nobre, e produz mais resultados, o ato de compartilhar.

Por isso, devo saber **também** compartilhar. Devo entender o valor e o significado do ato de servir e não só o de ser servido. É importante conhecer o pouco e não só o muito. Valorizar o que é grande, mas também o que é pequeno. Grandes coisas, por vezes, tem menor valor que pequenas coisas. Assim como um pequeno pedaço de chumbo é mais pesado que um monte de algodão e assim como um grama de ouro vale mais que quilos de ferro. Não permita que a aparência das coisas o engane. Pois, o valor, o peso e o volume das coisas nem sempre possui alguma ligação.

Construir para os demais, fazer para o próximo, amar aos outros e deixar para a vida! Estes são princípios com muito mais significado e com mais **resultados para a alma**. Aquele que vive para os outros não será frustrado em seu propósito. O que serve sempre terá mais valor que o inútil e egoísta que somente é servido. Quem abre mão e dá sempre terá mais para doar e o que pede sempre precisará pedir mais. O pedinte nunca prospera. Mas o generoso, sempre! Assim como o que retém acumula preocupações, mas o que compartilha encontra neste ato muita alegria.

A alma do homem tem necessidades que o corpo não pode entender. A lógica possui armadilhas e paradoxos que somente um espírito voluntário pode interpretar. Há muito mais prazer no ato de servir, pois o útil tem grande relevância e propósito. Ele encontrará prazer durante e ao final de sua vida. Mas o egoísta viverá sozinho com sua mente frustrada e seu coração vazio.

Então pergunte-se: o que eu deixarei para a vida?

A Vida que me Leva

Nunca é tarde para se descobrir coisas novas, não é? Na verdade, nem sequer existe o conceito de tempo quando o assunto incluí a palavra "descoberta". É preciso aprender a viver com a própria vida, dar a cara à tapa, ter histórias pra contar, tentar, errar e errar de novo... mas nunca desistir!

Estou aprendendo a viver a vida e a construir histórias. Aprendendo que não existe o "feliz para sempre", mas sim o "ser feliz". E estou tentando!

No final de tudo, parece que há apenas dois tipos de pessoas. O primeiro tipo é daquelas pessoas que ao final da vida, com um lindo e maroto sorriso no rosto, diz assim para você: Nossa, eu vivi muita coisa! E o segundo tipo é daquelas pessoas que no final da vida só tem lamentações e arrependimentos por tudo aquilo que não viveu.

Que tipo de pessoa eu quero ser? Tenho pensado muito nisso. Já "planejei" a minha vida tantas vezes que não posso contar. E de fato realizei muitas coisas que idealizei. Mas todas as vezes que fiz isso eu fiz cometendo um erro terrível: eu presumia que havia uma conclusão, uma continuidade a partir do ponto onde eu planejei chegar, a partir daquilo que eu almejei alcançar, como se toda a minha vida fosse se desenrolar dentro de um roteiro que eu mesmo escrevi.

Nem sei que nome eu dou a esse pensamento, a essa atitude tola, a essa forma de raciocinar tão pequena e falha. Deus me perdoe por tal pensamento! E digo isso às gargalhadas! Sempre fui muito imaturo para pensar, apesar de conhecer a imprevisibilidade da vida, que algum dos meus planos poderia se perpetuar. Já não é muito que alguns deles se realizem? A gente costuma querer demais e isso é hilário!

Não meus amigos, não é assim que funciona e não é assim que

deve ser mesmo. E isso é muito bom! As coisas estão em constante mudança e os desafios se renovam a cada dia, nos oferecendo a oportunidade de fazer mais e de crescer! Esse é o verdadeiro motor da vida!

Eu devo planejar, lutar e alcançar coisas. Mas devo saber, acima de tudo, que qualquer dessas coisas alcançadas não me pertencem. Elas apenas me darão um vislumbre de sua presença por alguns momentos. Nada nos pertence, nada é eterno!

Os seus bens, o seu emprego, os seus amigos, a sua família, os seus filhos... tudo é passageiro nessa vida, até as coisas que você considerar mais "sólidas", até essas, podem se diluir quando você menos espera. Mas essa é a química da transmutação dos elementos. É o que transforma tudo e todos. É o que mantém a grande roda girando!

Seus bens envelhecerão, perderão valor, perderão utilidade. Seu emprego acabará, se tornará obsoleto, não atenderá mais suas expectativas, não precisará mais de você. Sua família pode ser separada por acontecimentos da vida, pode se diluir, as pessoas podem se afastar, você pode querer se afastar delas. Seus filhos irão crescer, construirão vidas próprias, desejarão alçar novos vôos longe de você – e você não pode se tornar uma âncora na vida deles, ok?

Não há nada eterno num mundo efêmero. Tudo aqui escoa como a água que você tenta reter em suas mãos. Não sofra por isso, apenas aceite. Não são perdas, mas transformações que ocorrem de forma natural e frequente ao longo da vida.

Tenho procurado me conscientizar de que eu não possuo nada nem ninguém. Se até um braço meu pode ser arrancado, do que é que posso dizer: isto realmente me pertence e ninguém me tira! Tudo o que está na minha vida é algo que me foi emprestado por algum tempo. Então viverei esses momentos com gratidão e alegria, pois quando algo se for (e tudo se vai), me deixará lembranças gratas e agradáveis. Mas o que tento reter e possuir me enlouquece, me entorpece os sentidos e me tira a alegria e o momento que poderia ter aproveitado, mas perdi.

Assim são coisas, amores e valores. Assim são idéias e ideais.

Assim são sentimentos e momentos. Enfim, tudo do que usufruímos por breves momentos em alguma oportunidade que a vida nos proporciona.

É preciso estar habituado a perder. Ou melhor, a lidar com o momento da partida de todas as coisas que graciosamente nos beijaram a face por um breve momento. O beijo foi um presente, o momento uma dádiva e a partida... bem, ela é tão natural quanto o beijo e a dádiva.

À vezes temos a terrível habilidade de transformar boas coisas em traumas e desilusões. Faz parte de nossa **natureza possessiva**. Mas a vida nos convida a aprender, a evoluir e a nos tornarmos mais do que isso.

Vamos viver nossas histórias, construindo nossa caminhada pedra por pedra, flor por flor e espinho por espinho. Aprendendo a apreciar a beleza de cada uma dessas coisas. Todas elas tem algo incrível a nos mostrar e nos tornaremos maiores se as enxergarmos.

Quero me tornar aquele tipo de pessoa que no final da vida dirá: nossa, quanta coisa eu vivi! Ao invés daquele outro tipo que se absteve de viver suas histórias por anos a fio, temendo o fracasso e a dor. Esperando o momento perfeito e adequado aos planos que traçou. Ansioso pela cor e forma adequadas ao retrato pintado pela própria imaginação. Preso a um vislumbre de idealidade, projeto e conceitos sonhados em um mundo particular e distante.

Quero mais da vida em sua própria essência: inconstante, imprevisível e transformadora como ela realmente é. Sem meus planos e projetos, minuciosamente detalhados em um desenho surreal e distante das coisas como elas realmente são.

Se parar para pensar por um segundo, verás que da vida de fato não se leva nem a vida que se leva. Realmente daqui não levamos nada! O que podemos fazer de melhor é viver o melhor da vida, da melhor forma que pudermos. Abrir mão dos projetos mesquinhos e dos planos minuciosamente arquitetados para, enfim, viver de fato.

Quando nos escondemos por detrás dos nossos medos, quando nos "preservamos" em nome da auto-defesa ou nos contentamos com as sombras por medo da luz... quando fugimos do calor do sol... não estamos nos protegendo de coisa alguma!

A dor, na verdade, está na vontade doentia de querer controlar e possuir coisas e pessoas. E a satisfação, a alegria e a felicidade em saber usufruir da presença dessas coisas e pessoas em nossas vidas, enquanto ainda estão presentes.

Quando entendemos o nosso lugar no mundo e aprendemos a compartilhar, aí começamos a trilhar um novo caminho que nos livrará de nossa cegueira, trará gratidão e nos permitirá sentir aquela coisa tão sonhada e que chamamos de felicidade.

O Medo Não Constrói

Em tempos de desespero impera nos corações o medo. Que de mãos dadas à incerteza, natural à vida, deixam corações e almas marcados e armados, dentes cerrados e o peito apertado. Vidas incompletas seguem sem rumo. Escondem-se pelas frestas no caminho e esgueiram-se, temerosas e lentas. Fogem do presente e apavoram-se com o porvir.

Não há em tal jornada alegria nem realização. A vida fora substituída por mera sobrevivência. Os arco-íris deixaram suas cores e exuberância, hoje exibem tímidos nuances monocromáticos. Humildes e fugidios.

O provar insosso de experiências pobres enchem o ser de um vazio que escorre pela garganta, apertando-a. Sofríveis amargores de um caminhar lento e sem sentido.

Nunca vi o medo e a incerteza construírem qualquer coisa boa. Qualquer coisa admirável ou que valha a simples lembrança. Recordações do que se pode construir com o medo são dolorosas e amargas. Ninguém as deseja trazer de volta à memória.

Para se edificar boas construções, do tipo que faz celebrar o espírito, é preciso acrescer à receita boas doses de coragem e ousadia. Para se erguer torres firmes é preciso fundamentar os alicerces com otimismo e fé! É preciso preparar o terreno – seu coração – com todo tipo de boas vibrações. Assim sua construção será forte e resistirá às intempéries da vida.

Se você começar alguma coisa, comece para valer! Mergulhe de cabeça, comece com força, coragem, otimismo, garra, gratidão, amor e fé! Ou simplesmente não comece nada e vá primeiro curar seu coração cheio de dúvidas a respeito das pessoas e da vida, pois é o melhor a fazer.

Um olhar corajoso realiza mais que milhões de mãos medrosas. Um coração convicto conquista mais que milhares de armas nas mãos trêmulas de homens tímidos e cheios de incertezas.

Se vires diante de ti a oportunidade para realizar algo bom, comece a espremer sua alma até que verta o caldo do vigor necessário ao enfrentamento e à realização! Pois não há nada mais frustrante que ver uma alma abatida tentar, sem forças, erguer do chão o próprio traseiro gordo e pesado.

Um olhar para frente e uma cabeça para o alto são a chave para toda realização. Enquanto uma cabeça derrotada e olhos fechados são a receita certa para o pender no abismo.

Vamos construir? É isso o que mais queremos! Deixe que venham os desafios, pois nós os desafiaremos ainda mais que eles a nós! Vamos de peito aberto, como se fosse de aço, contra nosso inimigo mais cruel: o medo! Ele nos intimida e nos faz rastejar porque, na verdade, ele conhece a nossa força melhor que nós mesmos. O medo sabe que se você o enfrentar ele não terá contra você nenhuma chance. Ele sabe que você pode derrotá-lo apenas com aquele impetuoso olhar de coragem. Basta você ousar trazê-lo de dentro da seu coração.

É por isso que ele, o medo, vai tentar manter você no chão. Ele sabe que o dia em que se levantar você o subjugará com extrema facilidade. A fé é a maior arma contra as incertezas da vida. Escolha crer! Creia na sua força, creia nas outras pessoas, creia no seu futuro... Seja burro e não aprenda com as derrotas passadas o falso ensinamento de que tudo sempre fracassará. Ao invés disso, tente sempre outra vez!

Já tem nas mãos a vitória todo teimoso que insiste

impetuosamente. Ainda que tardia e mesmo que resistente em manifestar-se no mundo das coisas concretas, ela surgirá. Onde está tua realização senão nas coisas em que podes crer? O futuro incerto abandona seu aguilhão e corre desesperado quando você encontra forças para mostrar-lhe sua fé. Nenhum inimigo da alma do homem pode resistir quando ele decide acreditar em si mesmo.

E você, acredita em si mesmo? Então deixe de lado seus temores, pois lhe roubam a vida e o vigor. Enquanto choras as derrotas do passado, não aprendes quais ensinamentos a vida lhe trouxe com elas para, enfim, construir um futuro promissor.

Seja o seu próprio futuro de realizações. Os sonhos vivem enquanto vive sua fé.

A Difícil Certeza das Incertezas

Difícil ficar de pé quando o céu despenca e o mundo desaba. Difícil manter a fé.

Nas horas sombrias, que a vida reserva a todos nós, é comum nos vermos sustentados por um fino fio de esperança. Reavaliamos conceitos, valores e crenças. Questionamos até as certezas mais antigas. Remoemos cada segundo dos últimos acontecimentos e até eventos que já fazem um bom tempo.

A procura por respostas é inevitável. A busca por culpados é instintiva. Como se algumas dessas coisas pudessem nos confortar, nos entregamos a elas e seus devaneios inócuos… sem sentido.

Quisera o decepcionado acordar de seu tormento e encontrar sua vida de volta, tal como era. Quisera o abatido despertar de repente e encontrar todas as coisas que conhecia exatamente no lugar onde se encontravam.

Porém, é dura a realidade de que o vento leva, mas não trás de volta. A maré que sobe e desce jamais põe a areia de volta no mesmo lugar. O sol que aquece e evapora a água, formando as nuvens, que depois as atiram de volta a terra, jamais tornam cada gota a posição onde estavam.

A transformação é parte essencial da vida. Talvez uma seja alma e outra corpo. Como partes indistinguíveis e inseparáveis fazem de tudo "o todo" louco que são. Trazendo também da loucura o próprio sentido de tudo. Criando o ser e o querer, do nada à tona de todas as coisas.

Difícil parmanecer como se é quando se abalam a terra, o fogo e a água.

Não há elemento que resista às mudanças, a incerteza é a mais certa das coisas da vida! Escondemos-nos por detrás do véu da "estabilidade" como se algo real isso fosse e não mera vertigem, fruto de um desejo, anseio… causalidade.

Inventamos tudo aquilo de que precisamos, ainda que apenas no mundo das ideias e da imaginação. Fazemos planos, como se pudéssemos controlar a realidade e o cenário que nos envolve. Tolice e vaidade… é o resumo de nossa pobre esperança em busca de algo abstrato como a estabilidade.

O amanhã virá? Talvez para uns… para outros não. A chuva cairá? Sim aqui, não acolá. O céu resplandecerá? Meu futuro há de brilhar? Minha semente crescerá? O que sucederá ao velho e ao novo? Talvez o novo logo padeça e o velho lamente seus incontáveis dias sobre a terra em seu imenso cansaço.

Quando tudo parece infinito e as possibilidades nos atormentam com suas incontáveis variações, estamos certos de, pela primeira vez, contemplarmos a verdade. Até então vislumbrados estávamos por nossas muitas mentiras e loucas imaginações.

Difícil ficar parado quando o vento sopra, a onda bate e a terra treme.

Se nem mesmo a natureza permanece onde está, se nem mesmo os continentes estiveram sempre no mesmo lugar… por que ficaria eu estático em algum lugar entre meu pé direito e o esquerdo? Movimento é também mais um nome para vida. Até aqui, em todo universo, nada houve e jamais haverá em estado de real repouso. Tudo que há certamente se movimenta. E essa é mais uma manifestação da beleza que há em toda a existência.

Em meio ao mar revolto, sacudidos por muitas ondas, arremessados violentamente para todos os lados, conseguimos ver que a vida se move e também quer nos mover. Mais um passo adiante, no despertar de nossos pobres sentidos, conseguimos perceber que não é a força das ondas, mas nossa teimosa resistência a elas que nos leva a sofrer.

Aceitar o destino, seguir em direção a única verdade, chamada desconhecido, ousar coisas novas e aceitar as intempéries da vida como o motor de toda mudança é o caminho para o crescimento e a superação de todos os males.

Ao sentir-se coagido, lembre-se que a vida o convida a lutar e a superar. Quando o vento sopra leva sementes, arrasta obstáculos, limpa o caminho e cria novas oportunidades. Quando as ondas batem chacoalham os mares e mostram a soberania, a beleza e a força que tem... para inspirar os que as contemplam e convidá-los ao desafio! Quando a terra treme trás a tona coisas ocultas em suas profundezas e derruba aquelas que estavam velhas e decadentes.

Difícil temer quando se entende que a razão do vencer está no ato de querer e na ousadia de realizar. Mas ainda que você não tema, mesmo que ouse e aprenda... nada há de certo, senão que o mundo sempre mudará e se renovará a cada dia. Não olhe para trás, lá não há esperança – sinta, contudo, os ventos da mudança. Somente olhando para frente sentirás esse vento em teu rosto, somente enchendo os pulmões receberás o frescor e o novo!

Se um dia tua alma clamar, por ver com pavor toda sorte de mudanças, diga a ela que se acalme. Diga que tudo que a invade é corriqueiro e passageiro. Diga que o anseio logo passa e que o prazer da realização será sempre maior que o desconforto da espera. Diga a sua alma, que por mais que a vida não pareça bela, o amanhã lhe dirá o quanto foi bom esperar!

Se em teu peito bate agora um coração tristonho e desolado, saiba que a vida é surprendente e te fará um ser alado! Para que voes além de tuas mágoas e encontre refúgio em calmas e distantes águas. Teu coração é ansioso, como é o de todo homem... ignore-o e então serás um novo ser!

Da guerra à paz a vitória é tudo o que o soldado leva. Torna-te agora maior que a batalha, pega em tuas mãos, com força, as tuas armas. Olha com raiva, a frente de combate. E diga com a força que há em teu coração: pode o céu despencar, o mundo desabar, o vento soprar, a onda bater, a terra tremer e o combate aterrorizar... eu os enfrentarei a todos! Sonharei quando faltarem razões, ousarei quando faltarem opções, gritarei quando faltarem palavras, reinventar-me-ei quando faltar-me certezas e voarei quando faltar-me o chão!

A Quinta Força Elementar do Universo: A Fé

O homem sempre andou sobre a terra intrigado com as forças que o cercam. Chuva, vento, raio, frio, calor, as ondas do mar... tudo sempre nos pareceu poderoso, misterioso e infinito. Assim como é infinita a nossa curiosidade. Prosseguimos em buscar a verdade e os segredos por trás de tais forças, além da nossa pobre compreensão.

Enquanto alguns poucos mostram-se céticos, a maioria de nós sente-se maravilhada, encantada com tais poderes e, tantas vezes, atribuímos tudo isso à criação de divindades que elegemos como forma de explicar o inexplicável.

Conforme desvendamos alguns segredos, descobrimos muitos outros. As tempestades e furacões já não são mais um mistério. E já desvendamos segredos bem mais sutis e complicados como a foça da gravidade, descoberta por Newton, e a relação entre tempo e espaço, desvendada por Einstein.

Como se não fosse suficiente, forças ainda mais complexas foram também descobertas, embora ainda haja muito a se aprender sobre elas. A exemplo das forças eletromagnética, a força fraca – responsável pela radioatividade – e a força forte – responsável pela estabilização do núcleo dos átomos – que, juntas com a força gravitacional, formam as quatro forças elementares do universo.

Enfim, nosso interesse pelas leis cósmicas e nossos esforços para compreender tudo o que nos cerca não tem fim. Não obstante, buscamos de corpo e alma desvendar tudo a nossa volta e até o que está muito além de nossas mãos e de nossa visão – como galáxias e estrelas distantes ou partículas que residem no mundo subatômico.

Contudo, há sempre mais a compreender e a descobrir. O pouco conhecimento que particularmente tenho me esforçado para adquirir não tem me tornado mais cético quanto as forças "sobrenaturais" que regem o universo ou sobre a possibilidade de existir um criador.

Há tantas teorias e tantas possibilidades... e tanto a se conhecer! As leis que regem a própria existência são incríveis e tão complexas que não me admiraria se, no futuro, a ciência e a religião se encontrassem e dessem as mãos. Na verdade, é nisso que mais acredito hoje – elas se casarão e você está convidado para a festa!

Junto as quatro forças naturais e fundamentais do universo, continuo enxergando como tão importante ou mais ainda – pelo menos para nós, simples humanos – aquela que elejo aqui como a quinta força fundamental: a fé.

Se ela não tem "movido montanhas" de rocha e terra, ao menos as montanhas de obstáculos psicológicos, financeiros e físicos de nossas vidas ela certamente tem não só movido, como até mesmo aniquilado! Um ser humano sem nenhuma fé me parece bastante vazio. Há momentos na vida onde essa força é tão necessária quanto qualquer outra e acho que poucos discordarão disso – inclusive a ciência, quando busca por coisas em que apenas acredita até que possa prová-las.

É por esse motivo que sempre defendo o respeito à fé e à religião. Todas e de todos! Nenhuma fé pode ser imposta – e sabemos que isso não funciona de modo algum, então nem vale a pena tentar.

Tenha fé em sua própria vida, em seus valores, em seus sonhos e em seu deus! Essa fé é a manifestação de uma força que ainda não compreendemos, mas que podemos comprovar que existe por seus grandes efeitos no mundo natural. Efeitos mensuráveis e observáveis.

Houve um dia em que o homem não compreendia o vento. Não podíamos vê-lo, mas sentíamos seus efeitos e, por isso, sabíamos que ele existia e até lhe demos nome. Acreditávamos nele a ponto de criarmos moinhos de vento, velas e outros mecanismos que podiam utilizar a sua força para fazer o bem e para nos abençoar com o seu toque – nem sempre suave.

Houve um dia em que o homem não compreendia a gravidade. Não podíamos vê-la, assim como ao vento. Mas sempre nos beneficiamos por essa força nos manter com os pés no chão, literalmente, e a salvo do espaço frio e sufocante – entre outros benefícios.

Houve um dia em que o homem não conhecia a existência de espectros de luz invisíveis aos seus olhos, como o infravermelho. Até que em 1800 William Herschel, tentando medir a temperatura dos espectros de luz que conhecíamos, descobriu uma luz oculta, invisível, mas quente e tão presente quanto as outras. Ele a batizou de infravermelho por ser um espectro de luz abaixo do vermelho e, ao conhecê-la, passamos a utilizá-la para muitas coisas. Hoje controlamos nossos aparelhos domésticos, como TVs e aparelhos de som, utilizando essa luz invisível. Você pode não entender como isso funciona, mas se beneficia assim mesmo.

Houve um dia em que o homem não conhecia a radiação e a radioatividade. Até que em 1895 o físico alemão Wilhelm Konrad Röntgen, realizou um experimento que o levou primeiro a observar a ação do que chamamos de raios X e, logo depois, à descoberta da radioatividade através do urânio. Hoje você pode ver como estão seus ossos e pulmões utilizando essa tecnologia – sem que seja preciso lhe abrir para isso. Que bom, não é mesmo?

Hoje a física chama de "partículas virtuais" aquelas que não podem ser vistas, observadas nem detectadas. Mas assim mesmo a ciência acredita que tais partículas existem por seus efeitos mensuráveis. Muitas dessas partículas virtuais ainda são um grande mistério para nós. Por enquanto.

E assim como essas, muitas outras forças tem sido descobertas – e tais descobertas parecem não ter fim -, hoje os grandes físicos procuram por uma lei cósmica unificada que explique todo o universo e sua formação. Particularmente, torço para que essa descoberta ocorra antes da minha partida desse mundo – será uma descoberta emocionante!

Nossa ficção científica já se tornou obsoleta pela realidade inúmeras vezes. Ideias vistas em filmes foram realizadas anos depois. E posso dizer que temos alcançado tudo isso porque temos um motor chamado "fé"!

Aquele que acredita levanta-se e busca! Caminha e realiza a jornada para a realização! Move-se e vence sua inércia – a fé cria energia! A fé parece contradizer uma lei da termodinâmica chamada de "lei de conservação da energia", que diz que nenhuma energia ou seu equivalente em massa pode ser criado. Pois quando se crê parte-se em busca por transformar o nada em alguma coisa e isso é incrível! Tudo bem, sei que exagerei um pouco... já que o "nada" quase sempre era apenas aparente e, na verdade, só estava sendo ocultado por nossa ignorância.

Mas o que importa é que no mundo da nossa psicologia complexa e, às vezes, nociva, a fé é o motor fundamental para criar até mesmo vida – vida em nós mesmos!

Tenha fé em sua jornada nessa vida. Não sabemos de fato se há um propósito em nossa existência, se somos fruto do acaso ou se somos parte de uma criação projetada para funcionar sem a necessidade de intervenção de um ser superior que, existindo, talvez tenha preferido deixar o universo e o nosso mundo seguir seu curso. Na verdade, não sabemos nada. Mas sim, podemos crer!

Você pode crer no que você quiser. E essa crença pode criar em você vida ou peso e tristeza. A força da criação, a fé, pode ser utilizada para coisas positivas ou negativas. As duas grandes "direções" para a qual tudo que há pode apontar. Como você vai usar a sua fé? É você quem decide.

Use essa força transformadora! Não podemos vê-la ou compreendê-la com profundidade, mas podemos constatar seus efeitos reais – do mesmo modo que outras forças descobertas com tanta dificuldade pelo homem. Use-a para transformar a sua vida em algo muito melhor!

Você pode deixar a vida te levar, mas também pode levar a sua vida para onde você quer, com fé, esforço e grandes realizações. Sua grande realização dependerá dos seus valores. Para uns pode ser "aparecer nas redes sociais", para outros ser famoso e admirado, para outros ainda pode representar ser rico... valores do mar de bundas... mas há valores mais interessantes a se cultivar, tais como respeito, trabalho, honra, honestidade, felicidade e amor.

Use a sua fé para alcançar essas e outras riquesas. Elas são subjetivas, o que significa que dependerão dos seus valores e de sua forma de ver o mundo. Uma família unida é importante para você? Creia e lute por isso! O amor dos seus filhos, a realização de um projeto, a conquista de um grande amor? O seu limite é igual ao limite da sua fé e de suas ações para dar vida aos seus sonhos. Assim, podemos conceber a fórmula: Seu Limite = Fé + Ações.

Lembre-se, toda força pode ser usada tanto para o bem quanto para o mal. Tenha sabedoria e creia. Eu sei que a minha vida e o meu destino serão o resultado da equação entre minha fé e minhas ações. E você, acredita nisso?

O Valor das Palavras

O tempo amortece o furor da chibata da vida e anestesia os ombros calejados. Os homens tornam-se insensíveis e maus. Quando o bem se cala, o mal governa. Jamais se cale. Jamais se omita.

A fronte é a fonte das mais dolorosas torturas pelas quais se pode afligir a carne do homem. Seu proceder lhe faz parecer a vida tanto quanto o semear faz florescer os campos.

Toda obra, e também toda omissão, constrói de alguém sua

própria imagem. Tanto a que tem para si quanto a que revela ao mundo. Se tudo que faz é vão, sua vida vã então se faz e assim segue.

A verdadeira prosperidade de alguém não está no que possui, mas no que constrói em si mesmo e no que partilha com o próximo. E como ninguém pode dar aquilo que não tem, somente aqueles que semeiam em si mesmos possuem o pão para oferecer aos demais.

Persistir, em meio ao caos. Prosseguir, mesmo sem direção. Discursar, ainda que sem plateia. Plantar, até sem nenhuma terra. As palavras vazias daquele que crê tornam-se então cheias pela própria fé que apresenta.

Ombros calejados, frontes atordoadas, chibatas cansadas e terra saturada. Nada é desafio para aquele que quer, ousa e faz. Sem plateia, o poeta declama sua obra, pois nela acredita e nela se compraz.

Não há tesouro, senão de tolo, para o que busca a glória e para o que almeja com suas obras colher louvores nessa vida. Mas para aquele que trabalha por seus próprios valores haverá verdadeira honra. E para o que declama, em exaltação às boas obras, palavras de sabedoria, haverá quem no universo escute seu discurso.

Mesmo a alma anestesiada pode ser tocada pela verdade. A esta, nem o tempo e nem o furor da vida e da morte podem resistir. O homem padece, mas a verdade permanece. Assim como os frutos da árvore a farão eterna por sua descendência, manifestada em ciclos de renascimento e morte.

Boas palavras e bons conselhos, assim como boas obras, hão de perdurar até quando os homens não puderem mais se lembrar de seus autores. Pois a árvore não é mais importante que sua semente.

O que deixamos para a posteridade é o que ecoa para a eternidade. O tempo amortece as chibatas, mas não apaga o eco das boa obras que se propagam como ondas, repetidas por novos poetas (boas terras) que as reverberam para sempre!

Façamos coro com as vozes que para sempre propagarão a verdade e o bem! A voz fraca de um homem honrado, mesmo que sozinho no deserto, tem mais valor que o discurso acalorado do tolo em um palanque, ao som dos aplausos esdrúxulos de uma multidão de doentes.

O valor de uma voz está na qualidade da mensagem que ela profere e não burburinho chulo que causa nas massas. As palavras mais necessárias costumam ser as menos desejadas. O palhaço fala para agradar a platéia boba que o assiste, mas o sábio para confortar as almas que padecem de fome e sede de justiça.

Reconhecer e Recomeçar

Discursos carregados de mágoas e recheados com uma louca vontade de mostrar o tamanho da própria superação, mostram – na verdade – o quanto aquela terapia da moda falhou miseravelmente. As redes sociais deveriam se chamar redes dos desabafos e das desilusões.

Vê-se o quanto nossas filosofias de independência e liberdade são banais e nossa busca pela felicidade está distante da realidade. Fazemos de tudo para transparecer o que acreditamos ser o suprassumo da felicidade, mas ainda estamos mal amados e falidos.

Sim, essa é a palavra: falidos! E não vejo mal algum em dizê-la. Ela não soa bonito nem está na moda. Mas a verdade precisa ser encarada com franqueza e coragem. O amor é importante na vida de todos nós, a solidão é um cárcere e as filosofias utópicas de auto-suficiência são delírios que nos tornam tolos e medrosos. Não passam de ideologias que nos ensinam a disfarçar a dor com discursos de falsa superação.

No mundo há gente má. Quem não sabe disso? Sempre houve e sempre haverá. Mas não são a maioria e não são os que prevalecem. O mal que fazem geralmente voltam para si mesmos e se não voltam também nada temos a ver com isso. Colham o que colherem, isso sequer deveria nos interessar. Quem age por consciência e sinceridade não deve se importar com o destino dos tolos e as consequências de suas tolices. Mas para isso precisamos estar curados.

A cura, contudo, não está sempre ao alcance das mãos – como alguns gostam de pensar. Geralmente nos esforçamos para maquiar o exterior, mas deixamos descuidado o resto. Nosso discurso pobre mostra o vazio e a dor. O esforço para esconder onde fracassamos nos faz fracassar mais uma vez. O fracasso não é a vergonha, mas a necessidade de escondê-lo e a incapacidade para se levantar quando é preciso.

É saudável reconhecer as derrotas, porém ainda mais saudável é recomeçar. A carreira, a família, a fé... mas principalmente aquilo que mais nos completa: o amor. Amar é essencial à vida. É simplesmente fundamental. Correr dele significa correr da felicidade. Rejeitá-lo é como rejeitar a própria humanidade.

Eu já tive vitórias e fracassos. Hoje me considero por baixo e não me envergonho disso. Faz parte do jogo. Mas o cenário no tabuleiro sempre muda e qualquer jogador sabe disso. A roda da fortuna tem seus altos e baixos, nada é eterno, nem o que há de bom nem de ruim. E aquele que nunca falhou que me atire logo todas as pedras, pois não farão a mínima diferença: as pedras que com minha consciência atiro em mim mesmo me são muito mais dolorosas que qualquer outra, provenientes de qualquer mão.

É aí, contudo, que está a graça da vida. Enquanto luto pelo recomeço e por uma nova realização, crio nessa mesma luta o valor da minha vitória. É na luta que me inspiro, é nela que encontro força e coragem, a luta me faz maior e não a vitória. E quando a realização chegar gozarei dela toda e muito, em plenitude, beberei dela como quem num deserto encontra o oásis e nele faz permanente morada.

Sim, por vezes a dor me abate – no deserto a sede é cruel. Mas é nesse momento que me lembro como é bom fartar-me nas doçuras dos rios em que já me banhei – e então sinto forças para buscar por eles! Se vivesse num paraíso constante, certamente me veria entediado da riqueza que, sendo plena, jamais daria o devido valor.

É assim que nossa alma cresce e aprende. É assim que evoluímos e nos tornamos mais fortes. Saber fazer da dor sua companheira passageira e necessária – ao invés de negá-la -, enquanto se bebe do fel, preparando o estômago para as doces águas... essa é a essência da alma de um guerreiro!

Hoje vê-se a face esbofeteada pela dureza da desilusão, enquanto a alma sonha e a mesma face já sente, em seu próprio sonho, o frescor da brisa que sopra no alto dos belos montes da realização.

Vê-se a beleza do guerreiro enquanto ele golpeia seus inimigos com força e fé, e não enquanto se esbalda nas comemorações de suas conquistas e flerta com o destino, gabando-se de suas glórias.

Não se envergonhe das suas derrotas e não temas os recomeços. É preciso coragem para recomeçar. Apenas os fortes e sinceros de coração fazem isso. Os fracos mentem e mascaram, flertam com o covardia, escondem o medo e fogem da luta.

Geração Mimimi

Gosto muito do trabalho do cantor Lulu Santos. Ele, como outros grandes nomes da nossa música, foram protagonistas de uma "geração marcante"! Algumas frases presentes nas músicas dele são inesquecíveis, como "quando um certo alguém desperta um sentimento, é melhor não resistir e se entregar!", "nada do que foi será do jeito que já foi um dia", "não vou sobrar de vítima das circunstâncias", "assim caminha a humanidade, aos passos de formiga e sem vontade", "a gente vai a luta e conhece a dor" e muitas outras. A música dele é romântica, positiva, alegre e cheia de um maravilhoso espírito de aventura! Coisas que considero em falta hoje em dia ao observar pessoas acanhadas, medrosas, extremamente reflexivas, distantes e sem nenhuma disposição para correr riscos.

Renato Russo, com seu grupo Legião Urbana, também fez grandes contribuições à nossa música e deixou o título de "Geração Coca-Cola" para representar uma juventude que nunca o esquecerá e que também jamais será esquecida. Ele falava de uma rebeldia positiva, novos conceitos, muito amor (de verdade) e um convite à se viver a vida!

Cazuza, com todas as suas mazelas, foi um cara que viveu intensamente, acreditava no amor, na mudança, em algum tipo de revolução social que nem ele sabia explicar ou definir – já que queria uma "filosofia pra viver" – e fez muita história em seus poucos, mas repletos de experiências, anos de vida.

Barão Vermelho, Titãs, Biquini Cavadão e tantas bandas fantásticas que encheram nossas vidas de conceitos vibrantes fizeram dos anos 80 e 90 realmente inesquecíveis!

Mas olho para essa geração mais recente e sinto uma certa tristeza. Ela me parece fria, tímida, sem expressão e medrosa. Ofende-se com tudo, não se apega a nada, mantém relacionamentos o mais superficiais possível, não mergulham em nada – muito menos de cabeça –, não amam, não se apaixonam... parecem que estão aqui, mas realmente não estão.

Medo de sofrer, medo de se envolver, medo de se comprometer... com pessoas, projetos, ideologias – aliás, que ideologia? Não há nada que os marque ou identifique além do mero descaso para o que se passa no mundo e em seu mundo interior.

A internet virou o lar dessas mentes e a realidade em si, enquanto o mundo físico tornou-se "virtual". Elas têm comportamentos diferentes lá, naquele mundo frio, e aqui, onde as coisas realmente acontecem. O celular é seu talismã, pé-de-coelho, canivete suíço, espada e escudo – não se pode viver sem ele!

Amizades são pessoas que você adiciona nas redes sociais. Relacionamentos sérios são os declarados no status do Facebook: com a academia, com a felicidade, com o coração, com a natureza, com o futebol e por aí vai. As pessoas – e estar com elas – perderam o valor na vida dessa geração.

Compartilhar tornou-se sem importância, pois "o importante é ser sua própria felicidade" e "você é sua melhor companhia", além do mais, "solidão ou liberdade, você escolhe". Morro de rir quando leio essas frases nas redes sociais. A barra está sendo mega forçada para tentar provar que o fato de não serem capazes de estabelecerem relacionamentos sadios e duradouros não os incomoda. Mas o travesseiro de cada um sabe muito bem, à noite, como essas frases prontas são "verdadeiras" e como aqueles corações nutrem-se de uma "felicidade sem fim" – SQN[23]. Tal como na foto de um post pulando na beira da praia, onde a pessoa parece voar – quisera poder voar para longe de sua solidão que, por mais que se esforce, não pode simplesmente aniquilar.

Hoje fala-se até em "amizade madura", na qual, segundo essa falácia, as pessoas não precisam se ver ou estarem juntas – até mesmo por anos – para que a tal "amizade" continue existindo. Pois, segundo essa ideia, que me vejo no direito de considerar doente, as pessoas são um mero detalhe. Basta haver sobre elas um "conceito virtual", ou vaga lembrança que vez ou outra reaparece na mente do "amigo maduro". Pronto, continua sendo a mesma amizade.

Enquanto essa geração tenta destruir os próprios sentimentos, naturais ao ser humano, e convencer-se de que não precisa de ninguém, suas vidas passam e experiências importantes ficam para trás – ou melhor, inexistem. Amigos de verdade, amores intensos, paixões arrebatadoras, o calor humano de pessoas com quem você realmente sente NECESSIDADE de estar porque as ama – o que há de mal nisso?

Muitos sofrem de traumas que realmente jamais experimentaram! Assistiram o pai ou a mãe terem um relacionamento turbulento, aprenderam de alguma pessoa frustrada que não se deve confiar em ninguém... e assim constroem uma sociedade carente e ressentida. Cheia de pessoas incapazes de se relacionarem com profundidade.

Mais legal que "ficar", por exemplo, é "ficar na vida" de uma pessoa e compartilhar lágrimas e sorrisos, de alegria e tristeza – pois ambos são partes componentes da vida e igualmente importantes. Ao fugir da possibilidade da dor, fugimos das realizações e experiências da vida – que nos fazem verdadeiramente humanos.

O que você acha de juntos repensarmos essas patologias

---

23 Sigla da gíria "só que não".

sociais? Nos anos 80 e 90 nossa música tratava de temas sociais, aqueles importantes para vida de todos nós. E achávamos isso o máximo! Nossa música não falava quase que estritamente de baixaria, violência e praticas criminosas – como se fossem as melhores coisa que existem.

Sexo todo mundo adorava e fazia bastante – prova disso é que há uma geração mais nova. Mas não cantávamos sobre isso o tempo todo e nem de forma baixa a ponto de tornar possível que uma criança conheça metade do cama sutra.

Haviam relacionamentos abertos, mas as pessoas não se restringiam a isso. Havia muito amor e romantismo também. Ninguém saia correndo apavorado quando se falava em namoro – exceto alguns adolescentes –, como se isso fosse a décima primeira praga do Egito antigo.

Sempre existiu violência, mas não costumávamos ir aos estádios ou as festas só para brigar e até para matar as pessoas como se não houvesse nada mais interessante a fazer.

As pessoas se divertiam, mas ainda se interessavam por questões sociais e protestavam de forma legítima por direitos, através da música, da arte em geral e do comportamento cotidiano. Havia mais respeito e mais vontade de viver intensamente.

Hoje até nosso senso de humor está desafiado quanto à sobrevivência, pois o *mimimi* é tão grande que não há piada que não ofenda alguém em algum lugar. Nossos humoristas pisam em ovos para sobreviverem – e ainda dizem que não há censura, será que não?

Por amor de nossos filhinhos – e isso se conseguirmos consenso para continuarmos procriando –, convido a "geração mimimi" a deixar o celular desligado algumas horas do dia e a aumentar a dosagem (de celular desligado) continuamente. Quem sabe assim descubram por aqui, no mundo real, algo interessante para experimentar de verdade. Vamos tentar fazer um passeio sem tirar milhões de selfies, que sequer nos permitem contemplar e viver, de fato, aquilo que queremos mostrar aos outros que vivemos.

Eu também tiro fotos e faço selfies. Também posto nas redes sociais, não sou nenhum alienado. Mas a frequência, a quantidade e, principalmente, a necessidade de fazer isso não me impede de viver aquele momento. Não levo o celular sempre no bolso como se fosse mais importante que a minha própria cabeça e, se ninguém souber onde fui e o que eu fiz, ou se só passar um dia normal em casa num fim de semana ensolarado, eu não morro nem tenho uma crise de abstinência com espasmos cruéis por causa disso.

Vida plena é vida equilibrada. Vamos pensar nisso. E um beijo do tamanho do seu coração, não do seu celular, ok? □

Direita ou Esquerda?

Para qual sentido sua bússola tem apontado? É preciso escolher um lado, afinal, o país está em clima de guerra fria. Já pensou em que trincheira você vai lutar?

Interessante, até pouco a população em geral estava bastante apática. Víamos a roubalheira, a corrupção e toda essa patifaria que sempre nos assolou. Mas por algum motivo, parecíamos não estar muito incomodados. As coisas ia mal… mas tudo bem!

Previdência social falindo (um processo de décadas), inflação comendo nossa moeda, estado inchando, impostos aumentando, obras faraônicas, projetos espetaculares, gastos desmedidos, muito desvio de dinheiro público, caixa dois, lei de responsabilidade fiscal totalmente ignorada… mas ninguém estava se incomodando. Uma onda de otimismo, bastante oba oba e zilhões investidos em marketing deixava muita gente bastante confortável.

Notícias falsas de prosperidade infinita, muito sensacionalismo, números inventados e relatórios manipulados anestesiaram nosso povo por muitos anos. Enquanto isso, promovíamos uma legítima redistribuição de renda, nunca antes vista na história desse país, do bolso de todos para uma elite que continua sempre pobre, apesar de ser possuidora de uma fortuna incalculável.

A ideia do "pobre milionário", do trabalhador que não trabalha, da "gente do povo" que anda de escolta, carro blindado e segurança armado... a falácia do pacifista que pega em armas, do humilde arrogante, do líder que compra votos, coage e não mede esforços para perpetuar-se no poder. Dogmas que nos doutrinaram e criaram uma geração idealista e ingênua. Cega a ponto de não ver o óbvio – ou mesmo vendo, incapaz de reconhecê-lo.

E de repente a sociedade ficou polarizada. Hoje cada um se tornou o minion de alguém. Cada um tem seu malvado favorito, seu ladrão de estimação, seu santo salvador da pátria! Hoje brigamos entre nós para provar quem é o político mais honesto – se é que isso existe. Admiro a fé desse povo que pensa assim.

As pessoas querem "somente mais direitos", como disse uma certa ex presidenta. Elas querem uma aposentadoria rica e farta, centenas de benefícios, milhões de ministérios, estatização total, estabilidade no emprego e altos salários. Muitos querem, inclusive, que o estado esteja sempre presente e que trabalhe como uma espécie de babá, uma que faz tudo por seu bebezinho fofo. Contudo, querem impostos baixos ou até nenhum imposto. Como se nada tivesse custo e como se dinheiro nascesse em árvores.

Seria uma mágica interessante, qualidade de vida de primeiro mundo com estado inchado e economia digna de uma república de bananas. Até hoje ninguém viu isso acontecer, mas ainda há quem acredita ser possível.

Não investimos em educação de qualidade e não participamos de mercados interessantes, tais como o de tecnologia, robótica, IA, etc. Também não adotamos técnicas agropecuárias avançadas, como a de Israel que planta no deserto e exporta produtos para toda a Europa. E não trabalhamos por um estado menos intrusivo e uma economia mais aberta. Mas queremos comer do melhor dessa terra e vivermos como nossos amiguinhos mais desenvolvidos. A conta não fecha.

Em nossas escolas temos assuntos bem mais interessantes do que matemática, línguas e ciência. Temos a ideologia de gênero para discutir, a aprovação automática para garantir e doutrinação partidária para concluir o jogo sujo.

As "minorias" também roubam grande parte da cena desse debate polarizado. Ao invés de lutarmos por igualdade e respeito, estamos mais ocupados brigando por privilégios para esse ou aquele grupo. Em detrimento, é claro, da verdadeira cidadania que todos deveríamos exercer. Alimentamos o ódio e a segregação em nome de dívidas históricas. E queremos cobrar o preço de quem não tem a dívida na fatura.

Precisamos acordar para a realidade…

Estamos errando no básico, ou seja, estamos separados! Enquanto nos preocupamos com teorias da conspiração dignas de filmes de Hollywood, não vemos os problemas notoriamente embaixo dos nossos narizes. Gatunos fazem o que querem e nós aqui brigando por esquerda ou direita.

No fundo, todos eles dão as mãos e não enxerga quem não quer. Durante os debates do período eleitoral eles travam entre si discussões acaloradas, mas no dia seguinte às eleições eles fazem acordos, loteiam a câmera, distribuem cargos e festejam a vitória – a deles contra todos nós, os bobos da corte.

Quando ouço alguém discutindo e defendendo seu santo do pau oco eu tenho pena. Se toda essa energia fosse empenhada em algo útil nosso país estaria bem melhor. As pessoas brigam, encerram amizades, tornam-se intolerantes, ofendem seus iguais… e tudo isso para quê?

Sonho com o dia em que a bússola do brasileiro deixará de brigar entre a esquerda e a direita para funcionar como deve, apontando para um norte para todos nós – juntos!

Capítulo 3 – Algo Mais...

Esse é o capítulo do "algo mais" que apresenta contos, histórias e poemas.

Dois Viajantes e o Topo da Montanha

Uma vez um viajante disse ao seu companheiro:

– Quero chegar no topo daquela montanha!

O companheiro respondeu:

– Gostei da ideia! Você me ajuda a chegar lá?

Mas a resposta foi a seguinte:

– Eu vou com você sim, claro! Mas só se você me carregar nas costas. Você é mais forte que eu e, enquanto isso, vou descansar e me preparar para quando você precisar de mim.

Então o companheiro "mais forte" carregou o "mais fraco" nas costas. Eles seguiram enquanto o companheiro descansado pedia para ir mais rápido:

– Vamos! Não desanime, é uma subida fácil e você prometeu me levar! Quanto mais rápido for, mais realizados ficaremos por nossa conquista!

Assim seguiram até que o viajante forte se encontrou exausto. Mas já era metade do caminho, então ele pediu ajuda ao invés de desistir:

– Eu não consigo continuar, estou muito cansado. Você me ajuda a continuar subindo?

Porém, o companheiro respondeu:

– Já chegamos até a metade e eu não preciso mais de você, posso subir mais rápido se usar a energia que economizei até aqui. Se eu o ajudar, posso ficar para trás. Posso ficar cansado como você. Mas quero muito chegar no topo. Eu penso grande! Eu sonho alto! Me dê provisões para continuar porque vou na frente.

O viajante descansado seguiu certo de sua vitória enquanto o viajante cansado passou por momentos terríveis. Achou que tinha perdido tudo e quis desistir. Sentiu a dor da traição, da escassez de provisões e das pernas cansadas.

Foi difícil... mas algo óbvio, que no início não era fácil enxergar pelas vistas cansadas, começou a ficar claro ao viajante cansado: apesar de ter perdido o ritmo, a viajem passaria a ser mais fácil. A metade do caminho que ele andou pelos dois já lhe conferia a vitória de uma caminhada inteira. E agora não precisaria mais ficar ouvindo as cobranças e as pressas do companheiro descansado.

Ele levantou-se, ainda desolado, e seguiu. A cada passo que dava suas pernas achavam a trilha mais simples e fácil. A cada dia que caminhava o sorriso lhe surgia mais fácil e frequente. As cobranças acabaram-se e o caminho começou a mostrar-lhe sua beleza, tornando o topo do monte um mero detalhe. A companhia sincera do caminho era mais agradável que a do companheiro egoísta.

O viajante aprendeu que o topo não importava e começou a explorar a montanha em toda sua extensão. Ele descobriu que caminhar era mais importante que chegar e que qualquer companhia só valeria a pena se fosse agradável, leve, honesta e verdadeira.

Ele observou a natureza e os animais. Aprendeu a diferença entre coelhos fofos e raposos traiçoeiras. Entre ervas venenosas e as boas para o corpo e para a alma. Entre o céu, a terra e o inferno. Entre a pedra de tropeço e a pedra de apoio.

O viajante seguiu e esqueceu-se de seu companheiro traiçoeiro. Seu destino e promessas vazias não importavam mais. Se alcançou o topo que tanto desejava, provavelmente não encontrou nele a alegria que procurava. Pois, na verdade, o maior tesouro do viajante são os desafios e sabores da viagem.

Ele pôde caminhar sossegado e apreciar todas as nuances e diversidade de cores do caminho. Pôde experimentar novos sabores e contagiar-se com a alegria de sua caminhada.

O viajante recuperado retornou ao início do caminho e deixou uma mensagem:

A quem passar por aqui e iniciar uma jornada, aconselho que escolha um companheiro que goste de desafios. Os que desejam apenas o prêmio, no fim da jornada, geralmente farão qualquer coisa para consegui-lo e não saberão aproveitar a beleza da caminhada e a companhia ao seu lado.

Poema das Migalhas

Nesta guerra de homens e insetos, permitirei declarar-me em um minuto de arrogância. Pois estou farto do incomodo e da petulância. A dessas moscas e mosquitos que vivem a *zumbizar* no meu ouvido. Eles são inofensivos, mas não cansam de se lamentar. Seu lamento é continuo e irritante, um barulhinho insistente e sem sentido. Aquela lamúria chata de som insosso e abusivo.

Das migalhas eles vivem. Incomodar é seu esporte favorito. Não vêem em si importância ou força para a própria realização. Vivem nas sombras, em lugares úmidos e fedorentos.

E assim pairam e perambulam, sempre à sombra e dependência dos animais de grande porte. Alguns dependem até do sangue alheio, pois nem o seu próprio lhe dá nutrientes suficientes para viver.

Estes insetos irritantes, minúsculos e insignificantes, julgam que seu zumbido é deveras relevante. Ao tomar uma ou outra chicotada do rabo do cavalo – pois esse se quer lhes acha dignos para oferecer-lhes o coice – acreditam que despertaram do alazão grande interesse. Mas apenas seu desprezo prevalece.

Viver medíocre e digno de piedade. Os pobres insetos incomodam para encontrar quem lhes dê alguma atenção. Desejam conquistar os demais animais com a luz, o brilho e a simpatia de um rinoceronte velho e manco, obeso e no fim de seus dias.

Quem sabe se fossem humildes? Quem sabe se tais insetos soubessem conquistar ou invés de irritar? Se talvez houvesse neles algum conteúdo interessante ao invés daquele zumbido apavorante. Eles "falam" demais, mas nada dizem.

As vezes os homens agem como esses insetos. Porém, há uma grande diferença: Aqueles estão fadados a viverem e morrerem como moscas e mosquitos insignificantes, mas nós temos escolha.

Podemos ser mais do que pobres "sombras" e deixar o sangue das outras criaturas para viver do nosso – ele é suficiente para nos dar uma vida plena e abundante.

Nós, quando pequenos, o somos por escolha. E isso nos faz menor que eles, os insetos, que nem ao menos podem mudar seu destino.

Poderíamos viver em um castelo de harmonia e paz, mas às vezes escolhemos a masmorra dos impulsos, do desequilíbrio, do egoísmo e da frustração.

Podemos escolher o amor, o caráter, a compreensão, as boas ações e as melhores virtudes – nobres alimentos para a alma! Ou podemos nos contentar com a inveja, o ódio, o desejo insano pelo mal do próximo, a mentira e os piores defeitos – venenos de efeitos dolorosos.

É nesse momento, no das boas escolhas, que a rastejante lagarta entra em seu casulo para se tornar uma livre borboleta. Ou que, no momento das más escolhas, um parasita se abriga no intestino de outro animal para viver dos restos de sua pútrida digestão.

Insetos irritantes podem até incomodar bastante. E, às vezes, podem até adoecer a vítima de suas minúsculas picadas. Mas nada que um bom repouso, um comprimido e um ventilador vagabundo não possam resolver. Afinal a força deles é tamanha que até mesmo uma brisa os pode levar para longe e eles não perduram por mais que um breve amanhecer.

Resistamos aos insetos e tenhamos paciência com eles. Afinal, a vida nos reserva as melhores coisas, enquanto a eles têm a oferecer apenas as migalhas que caem de nossas mesas.

Há um Sentido?

Algumas perguntas são eternas. Parece que nenhuma resposta as satisfaz. Perguntas existências como "quem somos?" ou "de onde viemos?" são assim. Mas talvez a mais intrigante delas seja a seguinte: qual o sentido da vida?

Um homem saiu pelo mundo a procurar a resposta para essa pergunta. E ele estava realmente disposto a encontrar a resposta. Disse, então, a si mesmo:

- Leve o tempo que levar, custe o que custar, eu encontrarei a resposta! Não descansarei nem um dia até que consiga ou morrerei tentando!

E determinado em seu objetivo, ele partiu. O plano seria sair pelo mundo observando todas as coisas com muita atenção, buscando nos detalhes, em tudo o que há, em todos os seres que encontrasse pelo caminho, alguma pista ou relação entre eles que pudesse levá-lo a resposta que procurava.

- Deve haver uma razão que, olhando bem, conecte todos os seres ou ao menos uma pista de porque eles existem e interagem nesse mundo – pensou ele.

Determinou-se também a conhecer muitos lugares diferentes, em vários países do mundo, para que pudesse acumular bastante conhecimento sobre todas as culturas, etnias, segmentos sociais e os seres vivos – o máximo que pudesse!

Por muitos anos ele viajou, observou, estudou e anotou tudo que aprendeu. Ele criou uma obra incrível, composta de vários livros. Ele se tornou um perito em diversos tipos de conhecimentos, aprendeu a falar muitas línguas, conheceu muitas pessoas. Participou de várias religiões, cada uma com um ou vários deuses e entidades de muitos tipos. Tornou-se um homem sábio e muito experiente.

Por seu trabalho e dedicação ele ficou conhecido no mundo de sua época, ganhou muita fama e prestígio. Mas jamais apegou-se a coisas materiais – era um servo de seu nobre propósito, o de responder a pergunta sobre qual seria o sentido da vida.

Os anos passaram e seu trabalho e conhecimento pôde servir a muitos. Ele era consultado até por homens sábios, chefes de estado e pessoas famosas. Aconselhava a todos que o procuravam com grande sabedoria. Contudo, mesmo após décadas totalmente entregue à sua missão, ele ainda não havia conseguido uma resposta satisfatória.

As religiões contribuíram bastante com sua vasta abedoria, pregando sobre a vida, o amor e a compreensão, entre outros grandes valores e sentimentos. Mas eram contraditórias e suas explicações eram sempre cheias de lacunas vazias. Não permitiam chegar a uma verdade absoluta sobre o sentido da vida.

As ciências biológicas eram fascinantes e exibiam um show emocionante de descobertas incríveis sobre como tudo evoluiu e como tudo funcionava! Mas o sentido... não havia como chegar a um sentido maior mesmo que ele conseguisse até criar uma nova vida usando todo conhecimento adquirido! O fato da vida existir, por si só, não lhe confere um sentido – pensou ele.

A filosofia lhe permitia chegar a lugares onde sua tecnologia não alcançava, teorizando sem limites e avaliando as muitas possibilidades – lhe dava o poder para criar e expandir a sua mente! Mas ele sempre se perdia em meio às muitas proposições e em meio a frieza das palavras, pois ainda que sábias, eram sem vida. Fazia-se necessário algo que lhes desse o sentido – não poderiam ser ou conter o sentido em si mesmas.

A astronomia e a astrofísica lhe permitia observar mundos distantes, fenômenos incríveis e mensurar grandezas quase impossíveis de se imaginar. Mas a razão pelo qual tudo estava lá, ele não conseguia encontrar mesmo com muitas observações pelo espaço infinito.

E assim era com todos os tipos de conhecimento, ciências e técnicas que conhecia. Por mais poderosas que fossem, sempre lhes faltava algo. Um algo mais que seria a resposta que procurava, a explicação que poderia unir e dar significado a todas as coisas, aquilo pelo qual tudo que há existe! Porém, aquele ingrediente final, mesmo parecendo tão perto, sempre estava distante um dedo do alcance de suas mãos.

Desolado, vendo que seus dias já mostravam-se derradeiros... e ainda sem a resposta pela qual empenhara toda a sua vida... começou a caminhar a noite pela rua, sozinho, enquanto suspirava decepcionado em direção a beira de um cais. Lá ele poderia apreciar a vastidão do mar, um símbolo do tamanho de seu lamento por ver chegar seu fim sem sua sonhada vitória.

No caminho encontrou um mendigo, que estava com sua caneca na mão, a pedir por trocados a qualquer um que passasse. Olhando para si mesmo e tudo aquilo que alcançara, e para o mendigo, jogado no chão, sem razão nem perspectivas, ele disse:

- Sabe, de certa forma, nós somos iguais. Você não alcançou nada em sua vida, enquanto eu, muito. Porém, meu propósito eu não encontrei. Não somos tão diferentes, afinal. Tome aqui umas moedas.

Mas o mendigo, sorridente, respondeu àquele homem:

- Está enganado, nós somos sim muito diferentes! O seu propósito eu não sei, mas o meu era tomar uma pinga hoje e com essa moedas acabei de conseguir!

Aquele homem sentiu gelar sua espinha de alto a baixo, enquanto sua boca secou e seus olhos estatelaram – estava ali, dita pela boca daquele mendigo maltrapilho, uma resposta tão simples e melhor do que ele encontrara com o esforço de toda a sua vida, apesar de toda sua sabedoria e de todo seu conhecimento!

- Não importa se há um sentido único para a existência da vida, pois o mais importante é o sentido que damos a nossa própria vida! E o sentido da minha vida foi procurar por essa resposta, assim como a desse mendigo é tomar sua cachaça! Como não consegui enxergar antes que o propósito que dei a mim mesmo estava na própria pergunta que eu me fazia o tempo todo?!

Ele entendeu naquele momento que, ao escolher um propósito nobre para sua vida, acabou contagiando a vida de outras pessoas e as enchendo de coisas boas. Percebeu que aquilo que muda é o propósito e seu tamanho, mas todos temos algum, ainda que pequeno e pouco interessante como o daquele mendigo.

Talvez, se houver um sentido maior para todos nós – pensou ele –, esse sentido maior seja tão somente o das escolhas que fazemos. Pois elas sim, dão sentido real à vida de cada um de nós.

Alimento para os Cães

Essa é mais uma história da série "quando eu era criança pequena lá em Duque de Caxias".

Certa vez, eu tinha cerca de 10 anos de idade, estava trabalhando no açougue do meu pai. Havia um pessoal que sempre ia lá pedir pelancas para dar aos cachorros. Muitos faziam isso. Era uma prática comum e antiga, principalmente entre pessoas de baixa renda. Alimentar os animais com restos de comida e pelancas.

Mas eu notei que, quando vinha aquele pessoal, meu pai não estava separando direito as partes que cortava. Eu sabia da habilidade dele com a faca e até eu, com 10 anos, já sabia fazer melhor que aquilo que via ele fazer.

Então perguntei: Pai, porque está cortando tão mal e deixando essa carne toda junto com pelanca que vai para os cachorros?

Ele me respondeu: Meu filho, esse pessoal pede para os cachorros, mas é para eles mesmos.

O açougue, evidentemente, ficava numa região muito pobre. Na entrada de uma rua onde havia muitos barracos.

Naquele momento eu entendi o que significava fazer o bem de verdade. Sem mérito, sem expectativa de retorno e sem platéia.

Trago esse ensinamento comigo até hoje. Meu pai nunca foi perfeito. Eu também não. Quem é? Mas naquele dia ele foi alguém que me ensinou algo muito importante por meio de um exemplo.

Todos somos capazes de ajudar o próximo de alguma forma. Mesmo fazendo pouco e agindo discretamente. Juntos somos grandes e podemos fazer grandes coisas.

Hoje, em nosso estado tão dominado pelo mal, precisamos lembrar de coisas boas, de bons exemplos, de acreditar no poder do bem, de esquecer por um momento a persuasiva e marcante presença do mal nas nossas vidas e nos esforçarmos para fazer alguma diferença, ainda que pequena e mesmo que discreta.

O homem, as Bananas e a Gratidão

Certa vez um homem náufrago refugiou-se em uma pequena ilha que avistara. Chegando lá, não viu nada senão uma bananeira com um único cacho. Olhando ao redor e não vendo mais nada, pensou consigo mesmo: Comerei essas bananas e então morrerei. Me resta apenas comer uma por dia, para viver o máximo que puder. Minha única esperança é um resgate.

Todo dia o homem saía debaixo de um pequeno abrigo, que encontrara sob uma pedra, ia até a bananeira, comia uma banana, depois saia reclamando e praguejando pelo caminho:

– Deus, será que tu não vês esta minha situação?! Eu não tenho nada! Perdi tudo naquele naufrágio miserável! Estou aqui condenado à morte! Quando serei socorrido? Essa desgraça, essa maldição acabou com a minha vida! Estou impotente assistindo a minha miséria nesta ilha maldita! Não existe homem mais desafortunado do que eu! O que fiz para merecer isso?

E assim foi pelos poucos dias em que as bananas puderam alimentá-lo. Ele comia uma banana, depois gastava todo o tempo disponível para praguejar contra os deuses, a vida e contra a própria sorte.

Até que chegou o dia da última banana. A qual ele comeu e, no seu pranto, prostrou-se no chão a chorar. Pela primeira vez não seguiu pelo caminho praguejando e, neste momento, pode ver que não estava só naquela ilha.

Havia um outro homem, ferido, que também chegara a ilha pouco tempo depois. Ele vinha rastejando todos os dias para comer a casca da banana que era descartada por aquele que praguejava noite e dia. Mas este, em pior situação, sentia-se grato pela casca da banana que não alcançaria se não fosse aquele homem revoltado, mas em perfeita saúde, que gastava seu tempo reclamando ao invés de tentar transformar sua realidade em algo melhor.

Qual tipo de homem você é, do tipo que pragueja ou do tipo que luta e sente o poder e o conforto da gratidão?

Essa história eu ouvi muitas vezes do meu pai, quando era criança. Não conheço o autor. Mas me deixou grandes lições que comentarei. Deixarei que você encontre as suas lições.

Alma Nua

A alma do homem nasce nua. Ele olha para o céu e contempla a lua, solitária como ele só. Então deseja matar a sua "nudez solidão" vestindo-se com uma outra alma, também nua, só como a lua, que então cobrirá – alma com alma – as nudezes das duas.

Uma alma que a outra completa é uma alma plena. As duas tornam-se uma só alma, maior e vestida, cuja nudez não se pode observar. Almas que se completam também se equilibram. Elas dançam felizes num compasso perfeito e ritmado. Lindo!

As benesses e também os desafios da vida não as pode separar. Sua dança não pára nem jamais perde o compasso. Quando a música da vida se atrapalha ou desafina, quando o chão do salão ou o barro da estrada ficam esburacados, ainda assim as duas almas dançam no mesmo ritmo e compasso. Parceiros quase alados – parecem nem tocar o chão!

Uma vez coberta a nudez da alma, nada jamais a envergonhará. Suas intimidades estão protegidas e, em parceria, uma à outra sempre guardará. Olhos curiosos não alcançarão nem embaraçarão seus passos.

As duas almas hão de se apoiar.

Elas não se abalam pelos ventos ou tempestades e nem pelo estado do caminho por onde não caminham, mas flutuam, desfilam... seus belos passos, na medida do compasso, são certos e precisos. Em perfeita união seguem seu rumo, olhando para frente e nunca para o chão.

É difícil, contudo, que tais almas se encontrem. Às vezes procuram-se uma vida inteira. Outras vezes encontram-se, mas não se reconhecem. Outras tantas se vêem, mas se rejeitam. Então perambulam ambas nuas e tristes pelo caminho da vida.

Há também a alma tola, que abandona sua parceira para seguirem, as duas, saudosas e doentes. Lembram-se dos passos, ainda escutam a música... relembram com dor o compassos e o ritmo equilibrado no qual seguiam. Almas que se completam devem seguir até o fim da vida.

Almas inteligentes são aquelas que, atentas, logo se identificam e se reconhecem. Unem-se e dançam pela vida alegres. Até que um dia a estrada acabe neste mundo para continuar no além, onde ainda juntas perseverarão para sempre. Amém!

Se tiveres a chance não desperdices. Encontre a alma que cobrirá a nudez da tua. Almas desnudas sentem frio e muita solidão. Ainda que dancem, rodopiam tristes pelo salão. Querem achar completude em si mesmas quando a estrada foi feita para dois viajantes se apoiarem. O egoísmo da alma só lhe trará desilusão.

Ande coberto no frio, proteja-se contra o ladrão. Esquente as mãos no caminho com aquele que lhe dá a mão. Siga firme o destino, sem temer a solidão. Almas que dançam sozinhas não terão satisfação. Cubra a nudez da tua alma como se cobrem dois irmãos.

A Alma do Poeta

Há algo na alma do poeta.

Algo que a deixa mais aberta.
Mas os demais não podem ver,
Muito menos hão de entender.

Tanto a dor quanto o amor,
O bem querer e o rancor,
Serenidade e ardor,
Tudo o toca com furor.

Quando escreve é expressão,
Seu interior, seu coração.
Quer dar sua luz à imensidão,
Desta forte escuridão.

Da que fere e abate o mundo,
Da que entorpece tudo.
A burra, torpe e violenta.
Aquela que deixa mentes lentas.

O poeta deseja compartilhar.
Sem reservas, sem limiar.
Todo o amor e dor em sua alma.
Toda cor e negritude em seu ser.

Sem vergonha ou reservas.
Sem limites ou tréguas.
Aberto está seu peito a elas,
Doces, amargas… emoções diversas!

Convida o leitor,

Sem medo ou pudor,

A sentir sua alegria ou dor.

A provar do seu sangue, sentir seu calor.

Sim, o poeta irá expor,

Tudo em seu interior!

Seja ele como for,

Esteja em cinzas ou feliz com o amor.

Expor sua emoção,

É sua arte,

Sua outra metade,

Sua canção.

O Fim, a Flor e a Torrente

Feito. Findo o fardo.

A fadigada face afago.

A foice foi-se, é fato.

O furor… fagulha…

Agora é falho.

Desfez-se feito tufo.

Toda força que agora é falha.

Todo amor agora findo.

Fez-se folha seca… fiasco.

Fato que é findo o fardo.

Ofuscada faz-se a lembrança,

De flores formosas, árvores frondosas…

Fronte ferida, fé abatida.

O futuro fez-se obscuro.

Fatídico, fumígeno…

Fica aberta a ferida.

Faca no peito, farda farroupilha.

Foram-se fulgores e furores.

Ficam rumores frígidos.

Faminto de amor, falido.

Figura a minha frente.

Fito os olhos ao fato frequente.

Fez-se e desfez-se a corrente.

Que enfeitiça com força a mente.

O que ama é feito a flor contra a torrente.

O Guerreiro e seu Valhalla

Guerreiros são combatentes de honra e valor.

A luta os engrandece e fortalece.

Ainda cansados pela última batalha,

Anseiam pela próxima, tramam estratégias.

Encontram valor no ato da peleja.

Disputam pela honra de lutar, sempre outra vez.

Guerreiros são humanos… mas com algo mais.

São soldados corajosos, audaciosos e ambiciosos.

No descanso deixam o tédio, é preciso se preparar!

Na paz desconfiam dos caminhos da vida.
Guerreiros não vêem sentido na calmaria,
Nem segurança nos ventos amenos.

Por trás da calmaria há um plano em curso.
Os ventos amenos precedem as tempestades.
Guerreiros sabem que intervalos são tempos de preparação,
Não tempos de descanso, segurança ou paz.

Após as águas abrigadas da baia há o mar aberto.
Ondas vultuosas e violentas que anseiam usar seu açoite.
Pobres embarcações, ingênuas e tímidas…
Saem do porto em busca do destino incerto.

Guerreiros preparam-se na paz,
Mostram seu valor no campo de batalha,
Conquistam pelo esforço a honra de estar de pé,
Festejam, por fim, a glória de viver para o próximo combate.

Ainda lutam e lutarão, sempre!
Para mais um porvir!
Para mais um ousar!
Para mais um vencer!

Mas o maior tesouro do guerreiro não é o despojo,
Nem a prata e nem o ouro.
Seu maior tesouro é a própria batalha.
Que lhe faz maior a cada investida.

A maior realização do guerreiro é cair, com honra, no calor da disputa.

Persistindo até o fim, em busca por maiores glórias!

Vencendo todas as tentações da vida,

As que lhe convidam a parar, que lhe seduzem a gozar dos tesouros conquistados.

O verdadeiro guerreiro entende a guerra,

Ele ama a batalha, ele se realiza no calor do combate.

Ergue-se, sempre outra vez!

Insiste, luta, corta e mata – um inimigo por vez!

Ao final de sua carreira não sente dor nem mágoa.

Seu corpo cairá ao chão, cansado…

Enquanto seu espírito viverá para sempre vitorioso!

A vida, a morte… meros detalhes no campo de batalha.

A batalha… seu real Valhalla!

9 781704 798721